以為時間久了，我就會沒事

心理諮商權威 崔光鉉——著
胡椒筒——譯

나는 내 편이라고
생각했는데

최광현

情緒就像一面鏡子，
讓我們來探索你的潛意識（內在小孩）。

▼

你是否總是覺得孤單呢？
你是否覺得到哪裡都不受歡迎呢？
你是否會忍不住跟家人大小聲呢？
你是否認為另一半不夠關心你？

剛結婚的秀熙（32 歲），
希望丈夫多關心自己。
但是，就算丈夫陪她的時間變多，
她依然覺得丈夫不愛她。

善靜（35 歲）從小就是聽話的乖孩子，
但是最近常會不自覺對媽媽大吼大叫。

上班族秀敏（32 歲）說起了自己的委屈：

「我覺得大家好像都討厭我，可是我也不知道理由。」

在職媽媽宥臻（34 歲）只要送女兒去幼兒園，
就覺得對不起孩子，
一天會給老師打好幾通電話，
工作時也會很擔心孩子。

大學生正宇（21 歲）認為自己活得很辛苦，
他說：「我討厭爸爸，絕對不會像他一樣生活。」

剛剛那些案例令你熟悉嗎？
這些人存在著一個共同點。
認為自己的負面情緒是因為「他人」，
而不是自己。

為什麼平常認真、禮貌、和善的人，
在某些特定狀況下，
會變成「無法控制情緒的小孩」？

你是否也會因某些事瞬間生氣？
就算別人勉強你，也不敢拒絕別人？
與陌生人接觸時特別焦躁不安？
很在意別人的視線？
老是覺得自己做錯了而不知所措？

你絲毫沒有察覺扭曲了現實，
總是不經意地批評自己，
「根本不會有人喜歡我。」
「一定是我不夠好。」
「我是一個自私的媽媽。」
「都是因為我，他們才會那麼辛苦。」
「我就是一無是處。」
這些自我批判，都是因為內心住著一個受傷的小孩。

過去因家人、愛人、朋友的話而受傷的你，
內心都住著一個保留著當時感情的「內在小孩」。

即使我們長大成人後，
埋藏在心裡的「內在小孩」也不會長大，
它會用扭曲的視角看待世界，
誤解他人的意圖，加深自己的自卑，
使得人際關係陷入困境。

「為什麼人際關係對我這麼難呢？」
「為什麼我會重複犯下相同的失誤而搞砸關係呢？」
家庭心理治療專家催光鉉教授，
會為您解答這些疑問。

你有不能觸碰的「地雷」嗎？
你如果對某人有「心結」，
就代表心中隱藏著「受傷的內在小孩」。

只有與過去的傷害和解，
用新的觀點看待自己，
才能改善你的家庭、人際、職場關係。

推薦序：停止向外找戰犯，是你的內在小孩受傷了

諮商心理師——陳志恆

最近，我在探究自己經常感到煩躁的情緒。

為什麼說探究呢？因為這份沒來由的煩躁感，已經逐漸侵蝕我的日常生活。一方面，煩躁使人不適，另一方面，我也無法好好處理生活中關於工作、家庭以及孩子的事情。

長期從事情緒安頓與療癒的工作，我深刻知道，情緒感受是通往內在深層自我的入口。當能正視情緒感受時，便能開啟一段自我探索的奇幻旅程。

最近的煩躁感，常出現在工作負荷太大、睡眠不足、孩子哭鬧時。我停下腳步，留心觀察，當覺得對事物無法全盤掌控時，這份煩躁便會出現，而使得我需要花更大的力氣去掌控周遭的事物，這往往讓我更加煩躁。

當回溯過往時，我慢慢發現，從小我就是一個需要全盤掌控手中事物的人。也就是，只要是我的事，就不允許出差錯、有瑕疵；所以特別難忍曖昧、模糊的情境，或者突如其來、不在預料中的插曲。

你可以說我對自己過度苛求，沒錯！但是，這種過度苛求，來自於我的成長背景。我的雙親相當注重孩子的教養，對我有高度的期許，眼睛總是緊盯著我的一言一行，稍有犯錯，即被糾正。這讓我知道，我必須小心謹慎地應對生活中的大小瑣事，特別是父母重視的事情；而我能達到父母的期許，便能獲得肯定的眼光。

於是，我學到——我必須每件事都全力以赴，不容出錯！這樣的行為模式，從小成功幫助我克服許多挑戰，獲得不凡成就，卻也常讓我精疲力竭。特別是，當眼前事物失去掌控時，煩躁感便油然而生。

我現在知道，那份煩躁感，是來自於從小擔心自己沒做好，被父母批評指責的情緒經驗。現在，已經沒有人會再批評或否定我了，但我卻總覺得有千萬隻眼睛正盯著我。

如果我沒有覺知與探索，我會為慣性地為這份煩躁找兇手，通常是向外找戰犯——

是孩子不聽話、另一半不體貼、同事不給力、主管太機車……。事實上，是自己的「內在小孩」受傷了。

你的兒時成長經驗，正深刻地影響著現在的你。

我長期從事心理工作，也參加過許多心理療癒的課程。我見過許多人，在經過一番心理探索後，驚訝地發現，**原來小時候覺得微不足道的小事，卻如影隨形地跟著自己長大了，並且帶來巨大的困擾。更有許多人，在孩提時曾遭逢重大逆境，憑著當時有限的資源撐了過來；他們以為痛苦已經過去，沒想到，卻在某些類似情境再現時，引爆了過去未被好好安頓的強烈情緒感受。**

所以，當我讀到《以為時間久了，我就會沒事》這本書時，深有所感。特別是，書中提到一個不由自主「愛道歉」的案例，時常對人說「對不起」的行為模式，竟然與小時候父母的婚姻不睦有關。

這讓我想起，我也遇過一個常說對不起的人，他那愛道歉的習慣，來自於從小母親情緒的反覆無常，時常沒來由地指責家人，家庭氣氛其差無比；他長期在巨大的壓力下，漸漸發現只要他對母親說「對不起」，母親就會停止碎念，並露出滿意的笑容。於是，「對不起」這三個字便伴隨著他，成為一種無意識的行為反應了。

如果，你正為某些情緒困擾所苦，我誠摯邀請你來閱讀這本書，透過作者的文字鋪陳，帶你一步步地回溯過往的成長經驗。

然而，覺察了這些，又怎樣呢？

覺察會帶來改變。作者在書中告訴我們與「內在小孩」和解的步驟與方法，你可以為自己重新活一次。

情緒是通往內在與自我連結的入口。當我們明白過去是如何影響自己時，便能重新決定要如何生活。只要你學會為自己的情緒負責，掌握情緒的主導權，就能成為一個更自由的人。

陳志恆

諮商心理師、暢銷作家，著有《正向聚焦》、《擁抱刺蝟孩子》、《受傷的孩子和壞掉的大人》等書，長期從事創傷知情推廣與家庭親子教養心理工作。

推薦序：溫柔看顧自己，你將成為自己的英雄

諮商心理師——吳姵瑩

這本書講的「療癒你的內在小孩」是我在課程或諮商中常使用的方法，我用一個實際處理過的個案，與你分享作者說的六階段療癒歷程。

學員J很怕衝突，跟人相處時不喜歡讓別人不開心，她在關係裡經常討好別人而吃虧、受委屈（階段一：意識到過去的傷口）。

因此，我陪他探索過去的傷痛事件——那是一個雷雨交加的夜晚，還是國小生的J躺在床上，聽到父母在房間外激烈地爭吵，而母親已準備好行李要離家出走。

這段可怕的經驗，成為她恐懼人際衝突的來源（階段二：製造感情結）。當時的她無助地躺在床上，什麼事也做不了。

我問J：「你覺得當時的自己怎麼了？」J回答我：「我覺得他們好生氣，不知道在吵些什麼，但我知道只要爸媽吵到不可開交，媽媽就會準備離家出走。」

她並沒有回答我的問題，這是在討論重大情緒事件時，當事人非常容易出現的反

應。因為處在驚恐的生存關頭，大部分人的注意力都會放在引發恐懼的人事物上，忽略了自己處於極大的不安裡。因為這股不安讓J只要面臨衝突，就會再次誘發那埋在心中，恐懼不安的陰影。即便她已經是成年人了，面對衝突時，就會不自覺成為逃避害怕的孩子。

後來J在我的帶領下，深吸了一口氣，我帶著成年的她，再一次回到她童年的房門口前，讓她去面對當時躺在床上，驚恐又不知所措的自己。我邀請J練習看向躺在床上的小女孩，並在心中呼喚自己的名字三次，一直到J可以清楚看見與感受到兒時的自己為止。（第三階段：為內在小孩取名字）

接著，J走到小女孩床邊，蹲下來輕聲說：「妳一定被他們吵架的聲音嚇壞了，不怕不怕，我在這兒」、「他們吵架不是你的錯」、「沒關係，讓我陪著你」。她就陪在床邊，直到小女孩平靜下來（第四階段：感同身受）。

結束後，J再次回想當時的畫面，她的看法不同了：「外面雷雨聲好像變小了，而我當時躺的床，好像也沒有陷這麼深了。（第五階段：改變看待自己的觀點）」而當她再次想起近期的人際衝突時，也感受到對方的身影不再巨大，自己與他人是平等的狀態（第六階段：改變關係）。

「內在小孩」療癒，能改變對過去的知覺，讓你更有自信，不再受困於小時候的陰影。

親愛的，透過這本書，你將成為你生命裡的英雄！

目次

第2部 沒關係，不是因為你

第3部 受傷的小孩召喚受傷的小孩

前言：你的阿基里斯腱在哪裡？

希臘神話中，特洛伊戰爭的英雄阿基里斯是海洋女神忒提斯之子。阿基里斯剛出生時，母親便捉住他的腳踝放入冥河斯提克斯裡浸泡，因此阿基里斯才有了刀槍不入之身。

儘管如此，阿基里斯身上還是有一處沒有沾到水的地方，那就是母親抓住的腳踝，因此腳踝成了他唯一會受傷的地方。特洛伊戰爭中，阿波羅用箭射中了阿基里斯的腳踝，這使得刀槍不入的第一勇士淒慘而死。阿基里斯被箭射中的部位正是位於腳踝後面最有力的肌腱，這也成了被稱為致命弱點的「阿基里斯腱」的由來。

即使防守得再完善，一旦這個部位受到攻擊，就連英雄也會受到致命的傷害。阿基里斯腱不僅是人體最大、最有力的肌腱，也象徵心理上如同自卑感般的致命弱點。換句話說，心理上的阿基里斯腱是指過去受到的傷害所殘留的記憶。過去受傷的部位依舊還帶著痛楚，若有人碰觸了這個部位，瞬間便會失去理智，或是被狂風暴雨般的負面情緒所包圍。

佛洛伊德[1]（Sigmund Freud）將我們心理上的阿基里斯腱稱為「內在小孩（Inner-child）」。

童年被人擁抱的記憶並不單純只屬於過去的經驗，它也會影響人的一生。在我們漫長的人生裡，總是會遇到各種各樣的問題，這時便會喚起隱藏在內心深處的記憶和感受。電影或電視劇裡登場的惡人都有童年受過傷害的記憶，當觀眾知道他們扭曲的人格和異常的行為背後隱藏這些傷痛時，即使對他們的行為憤怒，但同時也會對他們心生惻隱之心。

在我們周圍也很容易看到這樣的人。雖然不至於到惡人的地步，但他們令人無法理解的性格總是會引起周圍人的反感和憤怒。如果深入觀察這些人的話，便會知道過去的致命傷仍然在支配他們。

---

❶ 西格蒙德・佛洛伊德（Sigmund Freud），1856-1939，奧地利心理學家、精神分析學家，哲學家。

雖然過去的傷害發生在過去，但不幸的是，它依舊會深深影響我們現在和未來的人生。由於童年傷痛而誕生的「內在小孩」會給自己製造出較低的自尊感、虛構的自我、負面的自我形象、迴避型的性格、憤怒調節障礙、強迫症、恐慌症和憂鬱症等後遺症，這都會不斷影響我們成年後的人生。

很遺憾的是，受傷的內在小孩並不單純意味著童年受過的傷害。長大成人後也會誕生出內在小孩。如果在成人後仍舊長時間持續受傷的話，便會長出新的內在小孩。也就是說，我們的內心並非只存在一名內在小孩，而是存在著很多內在小孩。

我們可以戰勝數以萬計的外部敵人，卻無法與自己過去受到的傷害抗衡，甚至是戰勝它，況且受傷的內在小孩也不是我們要征服和消滅的對象。消滅、無視或是迴避它的存在只會讓我們更受到過去人生的束縛。

從前我是一個喜歡在外玩耍的孩子，那時候的孩子會在巷子裡躲貓貓、玩卡片和捉昆蟲，大夥盡情地玩到太陽西下後才各自回家。有一天，我跑到隔壁社區去玩，玩得不亦樂乎而忘了回家的時間，所以比平常晚回家。

回家的路上，我緊張兮兮地擔心母親會斥責我「你不做功課，整天就知道在外面玩！」但是，我遠遠地看到母親站在大門前，當我走過去時，母親卻只默默地抱住我。

從那時到我升上國中，父親的工作一直都很不穩定。由於父親做著不適合自己的工作，加上僱用的不穩定性，我們家裡一直處在烏雲籠罩的氣氛之下，就連全職主婦的母親也要為了生計到外面找工作。在這種人類最基本「生存和安全」的欲求受到威脅的情況下，父母為了養家餬口而拚命的工作，所以才會冷落了我。處在這種環境下的孩子常常會產生膽怯和挫敗感，以及因貧困產生的羞恥感，這些感受讓我在朋友之間變得更孤獨了。

我不知道那天的母親發生了什麼事，也不知道她在想什麼，但那無聲的擁抱卻一直讓我難以忘懷。七歲那天的畫面，成了在我往後看到日落時都會想起的珍貴記憶。

從七歲到現在，這幅畫面不知在我的腦海裡重複播放了多少次。我不想錯過平日裡繁忙勞累的母親偶爾給予我的溫暖，因缺乏溫暖的照料而誕生的內在小孩藉由這個記憶才得以在日後漫長的人生旅途中治癒了自己。

一些健康的成年人，雖然希望擁有自由、獨立的人生，但卻總是束縛在過去的傷痛裡。我寫這本書正是為了給這些人提供一些幫助，以及幫助那些不希望子女繼承自己的內在小孩，且期盼子女能夠擁有更溫暖人生的父母。這本書有助於想深入理解父母與親子關係的人。我真誠地希望各位讀者可以藉由這本書，見到隱藏在自己內心深處的內在小孩，並且讓這本書成為一段與過去和解的溫暖記憶。

崔光鉉

第 1 部

初次問候
我內心的那個小孩

砍伐一棵長年歷經風雨的大樹後，

可以看到根部的年輪。

我們在經歷了各種事件長大成人後，

也會像大樹一樣把過去的點滴留在心中化為年輪。

那些我們以為早已忘卻了的感情，

其實都被我們抑制在原處。

如同年輪是大樹的紀錄一樣，

我們的無意識也是對過往的感情和欲望的紀錄。

1

內在小孩的定義

我內心受過傷的孩子

傷人的一句話

「所以說……是你的親生爸媽不要你了？」鄰居家的小女孩一臉天真地問了七、八歲的小男孩這個問題。小男孩聽到這句話的瞬間，彷彿被雷擊中了一樣頭痛欲裂，隨後他哭著跑回家問自己的養母說：

「媽媽，我是被遺棄的孩子嗎？」

養母望著孩子的臉，以非常嚴肅的表情告訴他說：

「不，你是我們特別選中的孩子。」

孩子聽到養母這句話的瞬間，人生的信念徹底從「被遺棄的孩子」轉變成「被選擇的孩子」。這件事在孩子的人生裡成了最重要的信念源泉。這是西元二〇一一年與世長辭的蘋果公司創始人史蒂芬・賈伯斯（Steven Paul Jobs）的故事。

眾所週知，賈伯斯是由養父母撫養長大的。他的生父是來自敘利亞的留學生，在與美國女友交往的過程中生下了賈伯斯。但由於家庭的反對，二人分手後將孩子送人領養。賈伯斯的養父母公開領養了他，並如實告訴他領養的事實。

鄰居小孩說出那句話的瞬間，賈伯斯的心裡便誕生出了將會嚴重影響他一生的「內在小孩」。這個內在小孩的名字叫做「被遺棄的小孩」。但在養父母的關愛和照料下，賈伯斯成了「被選擇的小孩」，這使得他對自己產生了某種特別的意識。即，從「被遺棄」轉換成了「被選擇」。

賈伯斯認為世上存在著像愛因斯坦和聖雄甘地一樣受到特別選擇的人，同時他也深信自己就是這樣的人。將「被遺棄」轉換為「被選擇」的賈伯斯必須去證明自己就是這樣的人。即，證明自己可以憑藉意識轉變童年所受的傷痛。因為只有這樣，才能證明自己不是被遺棄的。

希望成為被選擇的孩子

華特・艾薩克森（Walter Isaacson）在自己的著作《賈伯斯傳》中提到了賈伯斯驚為天人的創造力和才華，同時也揭露了他深陷扭曲認知陷阱的事實。艾薩克森將其稱之為「現實扭曲場（realitydistortionfield）」。賈伯斯不僅否認自己無法接受的現實，還會把自己願意接受的現實強加給周圍的人。

如果現實不符合自己認知，賈伯斯便會無情地否認。女友生下女兒的時候，他就因無法接受現實，無情地拋棄孩子。賈伯斯還拒絕安裝車牌，無法接受將車停在身心障礙者專用停車位。艾薩克森認為賈伯斯這種不肯接受現實的習性來自於童年遭到親生父母遺棄的傷痛。

賈伯斯否認「被遺棄的孩子」，希望成為「被選擇的孩子」。但對於賈伯斯而言，他極力想要證明自己是特別被選擇的孩子，因而內心萌發了魔鬼般的本性，這種本性不但深深地傷害了身邊的人，也引起了他人的憤怒和絕望。賈伯斯近似潔癖的完美主義傾向和試圖掌控一切的執著連累了周遭所有的人。

艾薩克森還提到「賈伯斯難以自我控制，所以會下意識地折磨一部分人。」雖然他在書中感嘆賈伯斯做事的促進能力和效率性，但也指出了他不顧慮他人感受、做事一意孤行的方式根本沒有幫助到自己。

西元二〇〇〇年初，賈伯斯確診罹患癌症時，無法接受這一現實。他認為像自己一樣被選擇的人不會這麼早離開人世。如果是這樣，那將是世界的一大損失，所以他無視了醫生建議盡快接受治療的勸告。賈伯斯拒絕接受藥物治療，堅持選擇替代療法，這使得癌細胞轉移，在經歷幾次手術和治療後，最終離開了人世。

賈伯斯面臨的死亡或許源自於他在努力想要轉變為被選擇的孩子的過程中所產生的認知錯誤。

究竟會有孩子接受親生父母「拋棄」自己這件事嗎？等到那個孩子長大成人，有了自己的小孩以後，他就可以接受過去「束手無策」的現實了嗎？這種絕對無法接受的人生事件會在孩子的心裡留下深深的一道傷疤，而且那種疼痛會相當持久。

我們內心的健康的小孩與受傷的小孩

正如賈伯斯的例子一樣，童年誕生出的「內在小孩」會一直保留在我們的內心。精神分析學的創始人佛洛伊德是最早開始使用這個近來被大家所熟知的心理學用語「內在小孩」。

佛洛伊德指出「童年的自己會一直活在我們的內心。」在童年時期和成長過程中，如果孩子的情感受到壓迫，便會在「無意識」下受傷。此時，孩子所受的傷便會成為「自卑感（Inferioritycomplex）」的原因。我們在日常生活中經常會使用自卑感這個詞，這也是心理學用語，意思是指這種覺得自己不如人的潛意識情感與欲望會影響當下的想法和行動。隨後，諸多心理學者指出父母的育兒態度都會對孩子的性格發育帶來極大的影響。

我們每個人都有內在小孩，內在小孩記得我們童年經歷的所有事情。內在小孩不僅有歡快玩耍的小孩、擁有創意性和自發性的小孩，也有「受傷的小孩」。美國家庭治療師、治療內在小孩的專家約翰•布雷蕭（JohnBradshaw）認為，即便是長大成人以後，童年受傷時的情感依然會留在我們內心。他還指出：「我相信人們經歷不幸的最大原因都是忽略了過去受傷的內在小孩。」

被過去的傷痛所束縛的人們都存在一個特徵，那就是在特定的關係或情況下會像孩子一樣去行動。例如，在人際關係裡如果遇到困難或是不適時，就無法用成年人的理性來認知和判斷，瞬間便會暴露童年受傷時的反應。即便已經是成年人了，但還是會像孩子一樣以幼稚的方式應對。社會上沒有人會去理解一個為人處事像不成熟的孩子一樣的成年人。

令人遺憾的是，自認為難以處理人際關係的人中很多人在童年時期都受到過傷害。

過去受的傷不光會令當時的自己痛苦，同時也依然影響著現在的自己。當然，或許會有人這樣問：

「過去的事早都過去了，難道現在不比過去更重要嗎？」

這樣講當然沒錯。現在如何生活固然可以左右過去和未來，但凡事都有過去的歷史，也都存在著各種的理由和因果關係。

就像無法抹去大樹的年輪一樣

砍伐一顆長年歷經風雨的大樹後，可以看到根部的年輪。我們在經歷了各種事件長大成人後，也會像大樹一樣把過去的點滴留在心中化為年輪。那些我們以為早已忘卻了的感情，其實都被我們抑制在了原處。如同年輪是大樹的紀錄一樣，無意識也是對過往的感情和慾望的紀錄。無意識下抑制住的感情和慾望不會就此消失，它們會等待時機再跑出來為所欲為。每當這個時候，我們就會不安，也會在人際關係上遇到困難。

在置身於遊戲、休閒或娛樂活動的時候，我們會喚醒成年人身體裡沉睡著的、天真爛漫的孩子。多虧了這個孩子，我們才能在成年以後不會喪失創意性、自發性、靈性和純真。這個孩子在適當的瞬間健康的醒來的時候，便會成為發揮創意性和自發性的力量。

但是，「受傷的內在小孩」會在我們精神上出現壓力的情況下，會無意識地、「自己也毫無察覺的情況下」重複過去不穩定的模式。童年時期受到傷害時的負面情緒彷彿成了身體裡的另一個自己在行動和下達命令。

舉個例子。當一個凡事缺乏自信的人下定決心「我要充滿自信活下去」，然後他開始做各種計畫想要努力提升自信。他竭盡全力去努力，還告訴自己「我可以的，這點小事難不倒我。」但當他受傷的內在小孩帶著童年的自卑感現身時，剛好這時又遇到對自己態度輕蔑的人時，他便會產生「是啊，我就是這麼自卑，我又能做什麼呢？真是個傻瓜」的負面想法。

因為這種無意識下的想法，也就是內在小孩的發聲會讓這個人再度陷入絕望，進而導致喪失更多自信。

如果賈伯斯接受了自己受傷的內在小孩，事情會變得怎樣呢？如果他能自覺意識到應該去治療過去的傷痛，或許就不會面對今天的結果了。

絕大多數擁有受傷的內在小孩的人都和賈伯斯一樣會否認自己內心尚未解決的問題。否認自己內心還殘留著過去的傷痛。他們對此置之不理，認為所有的事「都會過去」，並相信自己可以克服這些問題。這種錯覺正是來自於他們眼下過得還不錯的生活。

但是像這樣否認受傷的內在小孩，反而會對現在的人生帶來更嚴重的影響。認知受傷的內在小孩，並且嘗試回顧過去尚未處理的情感。從嘗試做起，才是真正的治癒的開始。

2

特徵一，退化的行為

正常人所經歷的「狼的時間」

你真的過得很好嗎？

「老師，我覺得自己過得還不錯。職場上得到了認可，也跟大家相處得很好。但不知為什麼我總是不安。我究竟是哪裡出了問題呢？」

上班族美蘭（三十一歲）因沒來由的不安和恐慌症來到諮商室。最初出現恐慌症狀是在從新加坡出差回國的當天。因為有多次到國外出差的經驗，美蘭已經對搭飛機很習慣了，況且這次的飛行時間也沒有很長。但不知道為什麼，在距離飛機降落還有一個小時前，她開始焦躁難安。出了機場，在搭乘開往首爾的機場大巴士前，美蘭突然心跳加速，呼吸急促，整個人一下子癱坐在地上。

「我這是怎麼了？喘不上氣了！感覺快要死了一樣！」

幾十分鐘後，美蘭被救護車拉走了。醫生建議她去看一下身心科做心理諮商，於是她才找到了我。

美蘭形容自己小時候是一個朝氣蓬勃的孩子，不但性格開朗，而且成績優秀，還多次成為班長的候選人。國中和高中的同學都沒有察覺到她內心深處的陰影。

在美蘭的記憶裡，父母動不動就吵架。做生意的父親平時幽默、豪爽，但只要一喝酒就彷彿變了一個人似的。爛醉如泥的父親回到家後，不但會對母親破口大罵，還會亂砸亂摔東西。早上還好好的餐具和傢俱，到了第二天都會支離破碎。

每次遇到這種情況，美蘭都會膽戰心驚地躲在自己的房間，她一邊在心裡反覆想「希望爸爸快點去睡覺」，一邊等待風平浪靜。但雪上加霜的是，國小四年級的時候，父親的公司倒閉，全家陷入經濟危機。童年時期的美蘭每一天都過得很辛苦。

看似克服了艱難的每一天

儘管如此，美蘭還是在艱難的家庭環境下堅持了過來。儘管每天深夜都會聽到臥室的吵架聲，但美蘭還是戴著耳機堅持專注於學業。就這樣她考上了名校女子大學，之後突破了就業難關，找到令所有人都羨慕的「夢幻職場」。美蘭克服不幸的童年時光，成為了很快適應職場生活的上班族。美蘭不管做任何事都很努力、認真，作為同事、主管，她與後輩的關係也都很好，而且自己對於職場生活的滿足度和自信心也很高。總而言之，美蘭即是一位獲得認可的職業女性，也是一個「自認為生活得還不錯」的人。

「那天發生了什麼事嗎？」

聽到我這樣問，美蘭回想了一下當時的情況，回答說：

「嗯，沒有發生什麼特別的事。我不是第一次去國外出差。啊，那天我給家人買了禮物，這點跟以往不一樣。以往出差回來我都不會去見家人，但那天必須直接去父母家。因為聽說長期在外地工作的弟弟要回家，所以那天是我們全家幾年來難得聚在一起的日子……。」

說完，美蘭陷入了沉思。過了很長一段時間後，美蘭口中道出了「爸爸」兩個字。

「其實，我到現在都很害怕面對爸爸。雖然他現在喝了酒不會像以前那樣了……。」

美蘭的不安並非來自於現實，而是來自她內心的內在小孩，那種長期躲在黑暗的房間裡，蜷曲身體等待父親安靜下來的不安感。儘管美蘭早已長大成人再也不是身陷恐懼的小孩了，但她的內在小孩卻依然對父親充滿了恐懼，所以在面對父親時會下意識很有壓力。

雖然美蘭認為自己已經克服了，但事實上她只是把長期以來的心理問題往後推遲、遮掩起來。經過這件事，她才醒悟過來，現在是時候面對那個內在小孩了。

不知不覺中現身的、無法控制的小孩

為參加某學會舉辦的大型活動，多位學者在渡假村齊聚一堂。開會以前，大家在視野極佳的餐廳共進午餐，然後一起移動到會議室。或許是因為窗外的風景優美，會議的氣氛自始至終都一片和樂融融。

但是，兩位學者忽然意見發生分歧，A學者大力踹開椅子站了起來。在座的所有人把目光投向了A學者，他用激亢的聲音大喊：

「我不開會了！我走可以吧！」

會議還沒有結束，A學者便衝出了會議室。面對這種尷尬的場面，剩下的人都瞠目結舌，不知該如何是好。在場的我面對潑了冷水般的氣氛也不知所措了。過了很長一段時間，某學者勉強開口說了一句：

「我們要跟他道歉嗎？還是應該讓他向我們道歉啊？真是……。」

那天在回家的路上我仔細地想了想。那位踹椅離開會議室的A學者為了辦成這次活動頗下了一番苦心，正因如此，他今天的行為就更讓人難以理解了。在這種社會上相互有著緊密關連且齊聚一堂的重要場合下，他為什麼要像一個生氣的孩子一樣講話和行動呢？

我仔細回想了當天的情況，察覺到了一點問題。負責舉辦活動的重擔落在A學者的身上，從飯店、會議室到活動海報，他都很認真地進行準備。但看到大家參與活動時玩笑參半的態度和不積極的表現，心裡產生了不悅。他從大家身上感受到一種「不被理解」和「委屈」的情緒。因此在那一瞬間，隱藏在他內心深處的內在小孩突然現身了，長期以來得到控制的穩重態度就此消失得無影無蹤了。委屈的情感澈底包圍了他，他就這樣變成了怒氣沖沖的少年。

過了一段時間，我和A學者一起喝了杯咖啡。

「欸……教授，我可怎麼辦啊？想到那天自己奪門而出，我都覺得丟臉。」

他對自己當時的行動非常後悔，還向我詳細解釋自己是如何利用個人的時間來認真準備活動。就因為他想把活動做得盡善盡美，所以才會覺得很可惜、很委屈。

喝咖啡期間，我默默無聲地聆聽他的立場。他訴苦的內容並非都來自於現在，其中也存在著幼年時期的陰影。雖然我沒有故意去點明他，但在我們的對話中，他似乎也察覺到過去與現在是有關連性的。我想此時對他而言，最重要的不是成為指責和追究責任的人，而是成為一個能夠聆聽和理解他的人。

變成生氣小孩的瞬間

平日裡十分正常的人；做事認真、有能力的人；有禮貌、和藹可親的人……在這些找不到一絲瑕疵的人，其內心深處也有可能存在著受傷的內在小孩。如果是這樣，我們要怎樣來判斷對方是否存在「內在小孩」呢？做出判斷的依據正是「退化的行為」。這是一種為了保護自己、減少對於現實的不安，而返回過去或幼年時期的心理行為。

佛洛伊德的女兒，也是兒童心理學大師的安娜・佛洛伊德（Anna Freud）指出，人們在極度不安或備受壓力時，不但無法以成熟的態度來應對，反倒會選擇發育階段時期的應對方法，心理學上稱之為「退化（regression）」。

比如，已經學會上廁所的孩子在弟弟出生以後會尿床，這是因為他害怕弟弟獨占父母的愛，所以才會出現幼童時期的行為。

這種退化不光只發生在孩子身上。內在小孩更容易在無意識的狀態下支配我們。因此，當有人碰觸到我們埋藏在心底的傷，那瞬間我們便會失去理性，做出不成熟的舉動。

以成年人的基準來看退化行為時，會出現非常幼稚的行動。因為是返回到童年的某一個時間點，所以會像生氣的小孩一樣大喊大叫、用力甩門或是不顧及周圍人的感受，像透明人一樣為所欲為。在危機的情況下，最嚴重的退化行為之一就是選擇自殺。

當看到我們出現有別於平時的舉動時，周遭的人便會無法理解。在極大的壓力下或是處在危機中時，我們才會出現退化的行為。由於無法理性解決眼前的問題，所以不光是當事者本人，還會連累周遭的人也陷入尷尬的處境。

退化的行為過後，當事者本人會感受到極大的羞恥和愧疚。這件事還會折損自己的自信心，讓自己變得更憂鬱、軟弱。但比起這些，更嚴重的問題是，自己不知道該如何處理這種行為導致的眼前狀況。

受傷的內在小孩，對現在的人生所造成最具代表性的影響，就是退化。我們不會總是出現退化行為，即使童年所受的傷再深，我們平時依舊會像成熟的大人一樣去行動。之所以會出現退化行為，是因為那瞬間碰觸到過去的傷口。如果仔細觀察某個人在某種狀況下出現了退化行為，便可以知道他的內心存在著受傷的內在小孩。

過去的負債

雖然自己意識不到，但我們在過去受到傷害時所採取的行動方式始終會不斷重複地出現在目前的人生裡。因此過去的痛苦會一而再再而三地召回到現在，折磨自己和周遭的人。

內在小孩之所以會反覆受困於過去的感情，是因為童年受過傷的經歷在大腦中產生了扭曲的化學作用。這使得在遇到與過去相似的狀況或對象時，會過度分泌壓力荷爾蒙——腎上腺素，以及出現呼吸加速、心跳加快、血管擴張和臉紅等身體反應。

這種情況愈是反覆出現，神經就會變得愈敏感，身體反應也會隨之變得更強烈。在這種狀態下長大成人的話，即便是輕微的壓力，荷爾蒙分泌系統也會瞬間失控，隨之立刻進入身體警告狀態。此時，不僅無法傳達正常的信息，就連記憶也會被扭曲。

因此，我們會無法用眼睛「如實」看清狀況，也無法用耳朵「理性」判斷和詮釋，才會針對觸碰過去傷口的小事做出過度敏感的反應，身體陷入嚴重的警告狀態。多數情況下，這樣的過程會導致包括憂鬱、恐怖和強迫等各種壓力疾病。

有些人是在貧困、孤獨、差別對待、遭受虐待等家庭環境下度過童年，如今在外人看來，這種環境下成長的人都是克服了困境、了不起的人。但是，**即便是在困境中能夠屹立不搖的人，也會在某一瞬間開始面臨情緒上的問題**。當面對因一些微不足道的困難而痛苦不已時，人們或許會這樣想：「最艱難的時期我都度過了，可現在怎麼會這樣呢？」

這樣的人有時會怪罪自己，有時還會埋怨周遭的人，然後不斷重複失誤。但最終人們都會意識到，那痛苦的根源並不在於他人，而是自身。直到認清這一事實的那一刻為止，人們會經歷所謂的「狼的時間」。日落黃昏，四周一片寂靜的時候，人們難以區分眼前出現的影子是人還是狼。換句話說，我們所經歷的「狼的時間」是指：領悟到眼前的敵人究竟是他人還是自己的那段時間。

這些身處困境，努力希望在經濟和社會上求生存的人們不在乎自己的情緒問題，他們會一直把問題丟在腦後，然後告誡自己為了追求目標不能把精力分散在一些微不足道的小事上。像這樣置之不理、掩蓋起來的問題會在他們的內心留下一筆「感情債」。這筆「債」不是視而不見就會消失，而是總有一天必須還清。

「這段時間我都堅持過來了……為什麼這點小事會讓我這麼累呢？」

如果你有過這種想法，那表示你內心的那個小孩正在向你發出「請幫幫我！」的信號。所以，現在是時候傾聽那個求救信號了。

3

特徵二，迴避和隱藏

不受第二支箭的苦

我總是像個孩子行動的理由

有一位定期會帶孩子來兒童治療室的母親，她能心甘情願地為孩子做任何事，但諮商室的職員卻都不願意接待她。理由是，如果不能滿足她希望的預約時間，或是接待稍稍怠慢了，她便會暴露出尖酸刻薄的性格，令在場的人陷入尷尬。有一天，因為孩子的事，我有機會跟這位母親進行面談，她忽然對我說：

「我小時候受過很多傷，所以才總是像孩子一樣去行動。我也知道自己的問題，但就是沒辦法，控制不了。」

雖然她不是因為懂得內在小孩的概念而講出這番話，但她卻認知到了自己童年受過的傷是主導現在、長大成人以後時不時地會像個孩子去行動的原因。

在佛洛伊德之後的心理學認為，童年與父母在一起的經驗，不管是積極的還是消極的都將影響我們的一生。也就是說，童年的經驗不管以怎樣的形態都會留下痕跡。

即便是在長大成人以後，幼年時期的經驗和當時的感觸時而還是會暴露出自己的存在感。當備受壓力或是在人際關係裡不適時，我們便會直接面對自己幼年時期的情感。給內在小孩留下強烈痕跡的經驗便是「創傷」。

給童年造成傷害的第一箭

「老師，我現在需要諮商。我已經好幾天沒有睡覺了，不管用什麼方法就是睡不著。我現在徹底陷入了恐慌狀態。」剛剛步入社會的俊書（二十八歲）打來電話，用急躁的聲音說道。

幾個小時後，俊書出現在諮商室。我問他最近發生了什麼事嗎？俊書緊閉雙脣，不停地眨著眼睛。片刻過後，他開口說道：「幾天前我和女友一起喝酒，然後發生了關係。但是……。」

俊書以前從來沒有交過女朋友。不久前，他才和女友有了第一次的性經驗。但那天之後，日常生活出現了問題，俊書說不管是身體，還是精神都陷入了混亂。健康的成年男子和自己心愛的女生過夜，怎麼會出現如此大的混亂呢？我猜測俊書心裡存在著與性有關的傷痛。果不其然，他艱難地道出了長年埋在心中的祕密。

「那是我六歲的時候，我在家裡睡覺，但忽然醒了。我本能性地察覺到家裡發生了什麼大事，而且不能讓人知道我已經醒了。」

俊書親眼目睹了父親在家中外遇的場面。那天發生的事，俊書沒有對任何人講，也沒有告訴母親。事發當時俊書非常痛苦，但隨著時間的流逝，記憶漸漸變得模糊，他以為自己對這件事釋懷了。而且在之後的日常生活裡，他也沒有再想起過這件事，所以俊書覺得自己澈底忘記了。

但是等他與女友共度良宵之後，那道藏在心底的傷痕便浮現了出來。普通的成年男子在與女友同床共枕以後會很亢奮，但俊書感受到的卻是極度的罪惡感、羞恥心以及憤怒，他身陷在這樣的情緒中痛苦不已。事實上，俊書所感受到的這些情緒本來應該是由他父親來承受的。

給傷口致命一擊的第二箭

德國的心理治療師巴貝爾・瓦德茲基（Barbel Wardetzki）引用佛教經藏《阿含經》中的一句話：「不受第二支箭之苦。」用被箭射中來比喻人類受到的傷害。

第一支箭會在出乎意料的情況下射中我們，這就好比流星墜落在地球上一樣是不可抗力的。如果非要找出因果關係的話，那就是漂浮在宇宙中的流星受到地心引力的作用墜落在地球上，但地球不可能躲閃開流星。

我們並非因受到傷害而無法擺脫憤怒，人類從原始時代到今天克服了數以萬計的難關，經過進化生存至今。我們在這樣的過程中探索出解決問題的原理，即「反省」與「沉思」。在人類隱居洞穴的時代，如果狩獵失敗的話，全家人整日都要挨餓。這時大家會圍坐在篝火前忍受著飢餓，尋找出狩獵失敗的原因，然後下決心不再重複同樣的失誤。這樣的結果幫助大家克服了前一天的失敗，圍坐在溫暖的篝火前吃起了肉。

遇到為難的事情時為了不重蹈覆轍，我們會自動開啟反省和沉思的原理。受到傷害時也是如此，為了不再次受到傷害，我們會進行反省和沉思。但問題是，這樣的反省和沉思如果延伸出「自責」，在原有的傷痛上加上自責、羞恥和憤怒等感情的話，只會讓我們受更深的傷害。

像這樣受到負面情緒的創傷，正是自己向自己射出的「第二支箭」。我想每個人都會有這種經驗，在與他人發生激烈地爭執過後會產生一種像是暴風雨般強烈的內疚和羞恥。

對我們造成嚴重傷害的不是第一支箭，而是第二支箭。第一支箭在心中留下的傷口如果不能痊癒，那麼當第二支箭射中原有的傷口時，它便會成為我們難以癒合的致命傷。大部分人所經歷的痛苦的根源，便是來自於自己射出的第二支箭。

舊倉庫裡積攢的厚灰塵

對俊書而言，童年目睹父親外遇的場面是第一支箭。小時候的他極力去迴避這件事並不是他的錯。問題來自於第二支箭。俊書對於目睹外遇場面的自己過於自責、羞恥和憤怒，這些感情折磨著他。令俊書痛苦的並不是對於父親和外遇對象的憤怒，而是他無法原諒當天在場的自己。「為什麼偏偏那時候睜開眼睛？」、「為什麼沒有把這件事告訴母親？」、「為什麼沒有質問父親怎麼會做出這種行為？」當時的記憶和長期以來對自身的自責和怨恨，如同落在倉庫裡的灰塵一樣積攢在俊書的心裡，即使他想要清除這些灰塵也不知該從何處下手了。

俊書通過自身的努力在某種程度上忘卻了這件事，但與女友共度良宵的那一晚成了離開弓的第二支箭，這使得表面上看不到的舊傷又浮現了出來。現在俊書所經歷的失眠和不安等身體上的症狀都是來自於第二支箭所製造出的、過度的負罪感和羞恥心。

我對登門造訪的俊書這樣說道：

「你當時看到的，是發生在你父親人生裡的事。那些應該由你父親承受的感情，你卻加倍感受著，再加上那都是負面的感情，所以你才會這麼痛苦。」

癱坐在椅子上的俊書雙手摀住臉哭了很長時間。從俊書六歲至今，那把舊倉庫的鑰匙一直緊緊握在他的手裡，他不允許任何人打開那扇門。俊書此時流下的眼淚代表了那隻用力握緊鑰匙的手鬆開了。

難道就不能這樣生活下去嗎？

我們一生經歷的傷痛正如命運一樣，誰都無法迴避受到傷害。而且不僅受到傷害的當下會令人痛苦不已，之後去消化傷痛也是一件同樣令人吃力的事情。

心靈受傷是一件破壞心情且有損自尊心的事情。當羞恥和自責充斥著整個身體時，我們的臉會變得慘白或是漲紅，心跳會撲通撲通得加快，呼吸也會不規律加速。我們會對傷害我們的人大發雷霆，或是自責起受傷的自己，然後把憤怒發洩在自己身上。但不管把憤怒發洩在誰身上，這都將是一件令自己痛苦的事。

這種內心的傷大部分都是來自於人際關係，雖然最好的方法是盡量避免受傷，但在複雜的日常和人際關係裡我們不可能迴避所有的傷害。這就好比從古至今，數以萬計的流星墜落在地球上一樣。就算我們為人處事做得再好，運氣再佳，也還是會在人與人之間的關係裡受到大大小小的傷害。

分析心理學的先驅者卡爾・古斯塔夫・榮格（Carl Gustav Jung）指出，接受心理諮商的大部分人支付著昂貴的費用、花費著大量的時間，但卻不肯聆聽諮商師的分析，而是把注意力都集中在自己的闡述上。換而言之，治療內在小孩的傷最終還是要靠自己。來到積滿灰塵的倉庫門口固然需要專家的幫助，但最終是否能打開倉庫的大門完全取決於患者本人的勇氣。

打開倉庫大門的瞬間，俊書忽然停止了哭泣，他問道：

「我一定要解決這個問題嗎？難道就不能這樣生活下去嗎？」

我回答說：

「你當然可以像從前那樣生活下去。六歲時的你沒有把這件事說給任何人聽，當成沒有發生任何事似的生活下去。但那道傷始終還是留在你的內心深處，如果倉庫裡的東西愈積愈多再也沒有多餘的空間時，那些累積已久的傷便會衝出門外。到時候情況會比現在還要糟糕。」

沉默良久的俊書看了看日曆，跟我預約了下一次諮商的時間。治療受傷的內在小孩，不在於他人，而是在於自己的選擇和決定。

4

特徵三，虛假自我的登場

如果你的臉是一張假面具

微笑背後的傷口

在貿易公司上班的寶蘭（二十九歲）有著善於親近他人的開朗性格，加上她總是把微笑掛在臉上，所以大家都視她為「積極開朗的榜樣」。但就是這樣總是笑容滿面的寶蘭背後，卻隱藏著不為人知的故事。

幾個月前，父親經營的公司倒閉後，寶蘭的生活也隨之瓦解了。難以接受現實的母親生病住進了醫院，父親也從此下落不明。全家人居住的房子遭到銀行扣押，姐姐和弟弟也各求生路去了。寶蘭一家可以說是一夜之間支離破碎了。

父親的公司倒閉以前，美蘭一家是一個非常幸福美滿的家庭。父母很恩愛，就算工作再忙，他們也會抽空到國內旅遊。家裡的三個孩子也都各自準備就業和留學，尋找著自己未來的發展之路。

突如其來的災難讓寶蘭一家人陷進了看不到未來的漩渦之中，但儘管如此，寶蘭在公司也還是跟從前一樣保持著積極的微笑。在銀行沒收了房屋、母親臥病不起的情況下，寶蘭還是能裝作什麼事也沒有發生過。

坐在諮商室椅子上的寶蘭一語不發，過了很久這才張開了嘴：「只有裝作什麼事都沒發生，我才能撐下去。如果不這樣的話，我連最後的自尊心也會崩潰的……那我就沒辦法工作了。」

寶蘭說出這件事的時候，臉上的笑容澈底消失了。沒有開朗的微笑了，臉上浮現生活的疲累，表情也隨之僵持住了。這才是寶蘭「真實的面孔」。

假面具背後澈底隱藏著的故事

另一位來諮商的秀妍（二十五歲）道出了出人意料的事情：

「我覺得自己就像一個電視劇作家，每天都在為自己創造一個新角色。」

秀妍是一個剛剛大學畢業，步入社會沒多久的年輕人，她覺得再也無法承受來自人際關係的巨大壓力，於是來到了諮商室。結束每週五天的職場生活後，每逢週末她都會躲進「自己的洞穴」。

秀妍不是整日關在房間裡閉門不出，就是到偏僻的咖啡館坐著放空。週末秀妍不接任何人的電話，所以大家對她週期性的「銷聲匿跡」都習以為常了。

秀妍告訴我，國中的時候自己被最好的朋友霸凌，然後又遭到全班同學的排擠。之後為了避免再遇到這種情況，秀妍研究出很多方法，她發現處理人際關係最有效的方法就是扮演自己創造出來的「角色」。

秀妍會根據要見的人或組織裡的關係，提早設計出自己的角色，寫出複雜的劇本，然後按部就班地「演戲」。比如，在主管人數多的公司裡，她會扮演斯文安靜的角色，然後在大學的同學會上扮演嬉笑打鬧的角色。

為了扮演好角色，秀妍必須事先深入研究該角色的性格、態度和講話方式。正因如此，她才會說自己「活得像一個電視劇作家」。電視劇作家要研究的是各種不同的登場人物，秀妍則是每天要設計出自己在人際關係中必須扮演的角色。如果自己不能像角色一樣去講話和行動的時候，瞬間秀妍便會極度不安。

特別是在沒有充分準備好的情況下，進入某個組織的時候，她便會驚慌得連腳也站不穩。從結論來講，秀妍這樣做是為了躲避人際關係的壓力，但這樣做反而讓自己壓力更大。

秀妍已經不是那個遭受霸凌的國中生了，現在她是一個有能力經營社會生活、做出判斷的大人了。她所處的環境也不再是教室而是社會了。可是她成年人的身體卻還是習慣像國中生般解決問題。過去有效的方法，放在現在卻解決不了問題，這是理所當然的。秀妍在一頭霧水的情況下，忍受著痛苦。

為了不再像過去那樣受到傷害，摸索到的複雜方法反而消耗了自己大部分的能量。當秀妍醒悟到這一點時，不僅大驚失色。此時此刻，秀妍要面對的可怕現實是，如果再這樣演下去只會更折磨自己。

隱瞞傷痛的虛假自我

孩子從降生的那一刻開始就在渴望他人的愛與認可，因為只有這樣才能夠生存下去。從他人身上獲得愛與認可的欲求是人類的天性。正因如此，我們周遭的人，特別是父母就成了最具有「意義的」人物。對孩子產生意義的他人，不管是否給予孩子愛與認可，都將對孩子造成深遠的影響。

孩子在成長的過程中會體悟到一個事實，如果想要持續獲得父母的愛與認可，就必須按照他們的意願去行動。為了搞清楚父母的心思，必須掌握他們的意圖，因此，有了發達的「第六感」。這種第六感愈是發達，孩子愈是會覺得自己是父母「得寵的寶寶」。

持續的愛與認可是孩子最想要的禮物，但這樣一來，孩子會漸漸對自身的需求視而不見。因為只有無視自己內心的需求，才能獲得父母的愛與認可。孩子會覺得父母不肯接受的感情、行動和想法都是毫無價值的，然後告訴自己去接受父母認同的感情、行動和想法。

在這樣的過程中會形成「虛假自我（pseudo-self）」。虛假自我是指因受到他人的情緒壓力影響而改變的自我。一旦形成虛假自我，便會喪失獨立思考和判斷的能力，進而輕易認同他人的觀點，急於迴避他人的攻擊和指責。即，為了獲得愛與認可、為了不讓自己受傷，而扮演起周遭人喜歡或是大家期待的角色。

治療內在小孩的專家約翰・布雷蕭（John Bradshaw）說過：「人們失去真實自我的時候，將失去自己真正的情感、欲求和希望。取而代之的是體驗虛假自我所要求的情感。比如，『做一個善良的人』就是最普遍的虛假自我。『善良的女人』絕對不會生氣和抱怨不滿。」

連自己也欺騙了

虛假自我除了「假面」以外，還有另一個作用。瓦德茲基提到：「對受傷的內在小孩而言，虛假自我就好比『防空洞』一樣。」也就是說，虛假自我是人們受到傷害時，為了保護自己的自尊心而啟動的「防禦系統」。

防禦系統是人們在不安和不確定的狀況下，為了保護自己而製造的盾牌。虛假自我從中起到了保護自己不受傷害的保護膜作用。這樣以來，我們可以保護自己的自尊心，製造恢復的可能性，然後繼續生活下去。雖然是為了獲得父母的愛和關心才形成虛假自我，但在受到他人的傷害時，為了保護自己也會形成虛假自我。

但是，問題在於用虛假自我嘗到甜頭的孩子會去否認「真實的自己」，進而將精力都放在別人對自己的看法上。因為孩子知道，只有這樣才能獲得「乖寶寶」的認可。

虛假自我的另一個副作用是持續「不安」。不管自己怎樣壓抑不安，為了遺忘而戴上假面具，但它始終不會消失。反過來說，虛假自我和真實自我產生的差距，會加重內心的緊張和不安。即使認知到這一點，卻還是躲在虛假自我背後的話，我們將會受到完美主義、否定自我感情、自責和羞恥等的負面情感的反擊。

當守護你的假面具反擊時

變得堅固的虛假自我彷彿變色龍一樣會根據周圍的情況作出反應。正因為所有的精力都集中在其他人的欲求上，所以根本無法意識到自己的欲求。當然這樣可以避免與周遭的人發生分歧，安全地生活下去。但愈是這樣，愈是會喪失自信心和降低自尊感，破裂的人際關係還會引發憂鬱症。為了保護自尊心而形成的虛假自我過度堅固的話，反而會產生自尊心扭曲的矛盾現象。

瓦德茲基指出，對於像這樣為了附和周遭人而利用虛假自我的人們，童年所受的傷會成為「喪屍傷」。它就像怎麼也打不死的喪屍一樣，若不拿出勇氣直視這個問題，虛假自我就會不停地復活來折磨我們。受過傷的記憶不是想要忘記就會消失，這種白費力氣的事只會消耗我們的能量。

寶蘭保持笑容、若無其事地去工作；秀妍扮演創造出來的角色過生活，這都只能成為她們保護自己的權宜之計。但這並不代表他們「真正」克服了心靈上的創傷，絕對不可以被虛假自我欺騙了。

若想丟掉虛假自我的假面具，在現實中活出「真我」，就必須找到一個可以傾訴煩惱的對象。即，找到「發洩感情的出口」。我們需要建立一種不必躲在虛假自我背後的關係，建立如實表現自我、如實審視自我的關係。製造自己專屬的安全空間，當醒悟到虛假自我不是自己的原貌時，假面具背後的「假笑」才會成為「真笑」。

5

特徵四，恐懼與不安

不用再「假裝」了

手握盾牌，但仍坐立不安的人生

「我會顧慮很多事，哪怕是很小的事，我也無法一個人做決定。做什麼事以前總是會觀察別人的眼色。我能改變自己這種畏首畏尾的性格嗎？」

大學生秀彬（二十一歲）因為不久前參與的課堂小組活動，來到了諮商室。從小組成員為了準備作業聚在一起的那刻起，秀彬便顧慮重重。她擔心自己不如其他的同學，害怕大家不認同自己的觀點，擔心其他人會用奇怪的眼神看待自己……秀彬甚至會記下同學們說的每一句話，然後回到家反覆琢磨。

「剛才他說這句話是什麼意思？我回答那個問題的時候，表情沒有很奇怪嗎？我還不如不說那句話……。」

秀彬從準備小組活動的第一天開始就陷入極度不安中。這種情況並不是第一次。她每次做一件新的事情，特別是和不認識的人在一起的時候，都會把所有的精力放在觀察他人的一言一行上。正因如此，秀彬才會一直緊張、敏感。因為要不停察言觀色，所以她總是畏怯不振。

雖然秀彬也很討厭這樣的自己，但腦子卻始終停不下來。為了縮減這種不安感，不管是在學校，還是在日常生活中她都盡可能只參與少數的活動。

但在諮商的過程中，我得知了一個出乎意料的事實。小時候的秀彬和現在完全判若兩人。

「現在想想，我小時候是一個很活潑的孩子，至少到國一的時候是這樣。我可以上臺演講，跟同學也相處得很好。」

幼年時期的秀彬善於表達自己的想法和感情，而且和同學們相處得也很好。但國一時發生的事澈底改變了秀彬的性格。秀彬和班裡最受歡迎的一位同學發生了意見分歧，那位同學看秀彬固執己見，便用自己的人氣來壓迫秀彬。緊接著，以那位同學為首，秀彬遭到大家的集體霸凌，秀彬在大家的挖苦和捉弄中度過一整個學期。

到了國二，秀彬和那位同學分到不同的班級，就此結束痛苦的日子。但從那以後，秀彬不再積極上臺演講，也不經常在同學面前講話了。秀彬變得不愛講話了，下課時間也經常一個人獨處。她漸漸開始觀察起了他人的眼色，乾脆變成了一個安靜的孩子。

在同儕關係重於父母關係的青春期，秀彬在人際關係裡受到嚴重的傷害，這助長了虛假自我。為了不再受到他人的傷害，秀彬創造了「假我」來保護自己。她抑制住自己原有的性格，比起自己的感受和想法，更敏感於他人的反應。就這樣到了某個瞬間，隨著保護自己的那層保護膜愈來愈厚，秀彬最終丟失了「真正的自己」。

對秀彬而言，眼前應該做的不是幫她改變性格，而是要幫她盡快擺脫虛假自我，找回原有的自己。

「從前的我性格坦率，也懂得表達自己的感情和想法。」

「為了維持虛假自我，我竟然遺忘了這一事實。我只顧著對周圍的人察言觀色，卻一直生活在不安裡。」

「我必須終止現在的這種行為。」

這才是認識自我的過程。

「妳必須徹底改變自己的性格。」對秀彬這樣的人來講這是不切實際的說法。長期以來，秀彬為了解決「小心謹慎的性格」也付出了很多努力。為了解決眼前的問題，必須找到符合當前生活和環境的解決方法。

處理傷口的方法

日本作家奧田英朗的小說《空中鞦韆》中的登場人物山下公平是一位有著高空盪鞦韆絕技的空中飛人。有著十多年經驗的公平在馬戲團裡佔有崇高的地位，但從某一瞬間開始，他變得失誤連連，公平把所有的責任都怪罪在了搭檔的身上。

隨著社會的現代化發展，公平所屬的馬戲團也發生了巨大的改變。雖然過去的團員都相處得如同一家人一樣，但漸漸地這些在馬戲團土生土長的人都離開了。因此公平覺得自己的勢力受到了侵犯，加上自己與新加入馬戲團的搭檔也產生了矛盾。但在精神科醫生的幫助下，公平意識到自己頻頻出現失誤的原因不在於搭檔，而是在於不信任搭檔的自己。

過去由於父母都是馬戲團的團員，所以學生時期的公平每兩個月就要轉一次學。相同的情況不斷重複上演後，公平為了躲避道別新朋友的悲傷，在自己的心裡建起了一道牆，從此不再對任何人敞開心扉。他之所以對新團員充滿警惕、不信任對方，都是來自於擔心失去朋友的恐懼。

最終公平治癒了心靈的創傷，因為他體識到問題的原因來自於自己害怕失去朋友的恐懼。他勇於面對隱藏在自己內心的真正感情。認識到自己的恐懼、對他人敞開心扉後的公平，成功完成了高空精彩的表演。

選擇迴避，恐懼就會消失嗎？

童年時，他人對自己造成的心靈傷害，或者有過因慘烈的失敗而一蹶不振的經驗，這樣的過去都將直接影響到現在的生活。當身處與過去相似的狀況時，我們下意識做出的反應和採取的行動，其實都是自己過去處理問題的方法。當人們內心存在受傷的內在小孩，面對與過去相似的狀況，回想起過去受到的傷害時，他們為了保護自己，主要會採取「迴避」和「抵抗」的戰略。

這樣的人會深深壓抑自己的感情，迴避所有可能會觸動感情和危險的情況。比如，迴避有可能觸景生情的空間、頹廢不振，讓他人難以對自己提出要求、過度沉浸在其他狀況、只盡最小的努力等。

此外，還會將自己一言一行的原因推卸在他人身上，採取攻擊或反抗的戰略。如果以這樣的態度來面對問題，雖然從表面上看不會再受到與過去相同的傷害，但實際上的人生和日常生活仍舊很痛苦。因為不論何時，他們的手中都會緊緊握著盾牌，並且為了不受到傷害而二十四小時坐立不安地生活下去。

雖然痛苦，但卻是偉大的第一步

正因為我們人類是極其頑固的保守主義者，所以榮格才會說：「人類會盡可能不求改變。」變化不會發生在他人的命令或指示之下，只有當自己強烈意識到這一點才會有改變。秀彬和公平如果沒有遇到讓自己意識到問題的事件，或許他們到死都會堅持自己的對應方法。他們一定會覺得這樣生活下去是理所當然的事。

當然，回到過去的某一個時間點面對受傷的內在小孩是一個令人不愉快的過程，而且這還是一件很需要勇氣的事。**當我們意識到長期以來自己的性格和為人處事的方式，其實都是內在小孩隱藏的裝置時，這個過程必然會伴隨著痛苦。**因此這種時刻，我們需要一個能夠對自己的傷痛產生共鳴，並且支持自己的同伴。同伴可以是心理諮商師，就像幫助公平的精神科醫生一樣，也可以像秀彬來諮商室。

在諮商室訴說自己苦惱的秀彬會對他人的一言一行賦予意義，還會觀察他人的情緒。當得知自己小心謹慎的性格其實不是自己原本的性格時，秀彬不僅大吃一驚，最讓秀彬覺得受到衝擊的是，這一切都是源於國一時發生的事件，以及那麼小的一件事竟然會演變成需要心理諮商的大問題。秀彬覺得自己浪費了太多時間，默默落下了眼淚。

但是從整個人生來看，這段痛苦的時間成了秀彬勇敢邁出治癒自己的第一步的契機，也成了一個發現新可能性的絕佳機會。

此時，秀彬需要的是暴露自己弱點的勇氣。人與人之間若想建立起親密、真實的人際關係，比起展現完美無缺的自己，更要懂得暴露自己的缺點。只肯讓對方看到自己刻意呈現的樣子時，這種關係便再也無法進展下去。**用自己真實的樣子待人，通過互相理解的過程獲得對方的信任，這樣建立起來的關係才能讓彼此覺得自然和舒服，進而從中獲得喜悅和滿足。唯有這樣才能重新找回「真正的自我」。**

6

特徵五，反覆受傷

沒關係，只是傷口啊！

總是浮現過去的傷口

幾年前，編劇盧熙京的電視劇《沒關係，是愛情啊！》大受歡迎，劇中的登場人物張宰烈（趙寅成飾演）是一位才貌雙全的暢銷書作家兼電臺人氣DJ。在旁人眼中，他擁有完美的人生。但在現實生活中，他無法睡在床上，只能捲縮在浴室的浴缸裡才能安然入眠，而且他有顏色強迫症和潔癖。可以說張宰烈是一個讓人難以理解的人物。某一天，張宰烈直視過去的傷口，就此陷入了恐慌狀態，原本看似安寧的人生因此出現了動搖。劇中登場的高中生韓江宇是一個只有張宰烈可以看到的幻覺人物。由於出現這種幻覺，醫生判定張宰烈得了一種名為思覺失調症的精神疾病。

韓江宇是張宰烈將受傷的內在小孩形象化的人物。面對慘遭繼父家暴的母親，張宰烈充滿了無力感和愧疚之情；哥哥被誣陷殺害繼父入獄，張宰烈也抱著深深的負罪感。正因如此，他製造了幻想人物。現實生活中，張宰烈有著成功的人生，但當他遇到自己的內在小孩韓江宇的時候，卻又不得不面對自認為早已釋懷的過去和傷口。

隱藏起來的傷口一定會再次浮現

佛洛伊德提出「即使是再微不足道的經驗也會在我們的內心留下某種痕跡，而這種痕跡會在我們的一生中不斷反覆和修正。」過去的痕跡最具代表性的影響力之一便是「反覆性」。佛洛伊德認為，人類的潛意識中存在重複上演過去的本能，這種行為稱之為「強迫性重複（Repetition Compulsion）」。

強迫性重複是一種盲目的衝動，重複上演過去的經驗和情境，無關乎能否從中得利。由於人們下意識地以自己熟悉的模式和習慣做出選擇，所以才會延續過去的壓力和不安感，重複上演不幸的一幕。

電視劇中的張宰烈否認過去受過的傷，雖然他極力隱藏傷口，但不等於傷口會消失。相反地，每當他感受到幸福的瞬間，都會因為內疚而不斷自責，進而把自己推向不幸的深淵。受傷的內在小孩韓江宇再也無法承受後，便從他的意識中分離了出來。這都是張宰烈長期以來隱藏傷口所帶來的副作用。最終，他選擇了極具毀壞性的行為——自殺。

劇中的張宰烈意識到自己眼前的高中生韓江宇不是真實的人物，而是自己製造出來的幻覺時，便不得不接受了自己試圖逃避的過去。電視劇的結尾，張宰烈找來韓江宇，讓他坐在醫院的床上為他洗了腳。「現在的自己」張宰烈和「過去的自己」韓江宇相遇的畫面，表達了現在的自己對過去受傷的自己的理解和尊重。

這幅畫面表達的理解和尊重是治癒內在小孩的必經之路。若想治癒內在小孩，不應否認、隱藏傷口，而是要從如實接受它開始。

我這麼努力生活，為什麼要這樣對我？

「老婆帶著小孩回娘家了。她說要跟我離婚，我不知道該怎麼辦了。」

在中堅企業擔任主管的永哲（五十二歲）是一個靠自己的能力白手起家的人。他出生在一個貧困的家庭，雖然父母雙全，但他們都沒有經濟能力，所以永哲幾乎跟孤兒一樣度過了童年。不要說擁有自己的房間了，就連家也沒有的一家三口只能靠不停搬家租房維持生活。幸運的是，永哲得到了老師的賞識，平安完成高中學業。考上大學的他一直靠著當家教和獎學金才順利畢業。如今，永哲在新都市有了自己的公寓和高級轎車，從某種程度來看，他已經成了一名成功的社會人士。結婚以後成為一家之主的他，在所有人眼裡都是一個克服不幸、努力奮鬥的人物。這樣的他在面對離婚危機時，澈底陷入混亂。

儘管這麼多年過去了，但永哲仍舊忘不掉貧苦的童年時期經歷的痛苦。如今物質上已經豐衣足食，但出於不知何時還會遭遇貧苦的擔憂，永哲澈底變成了一個吝嗇鬼。但問題是，他把這種觀念強加在家人身上。

永哲每天只給妻子三萬韓元（約臺幣七百五十元）的生活費，如果家裡有其他開銷就必須懇求、說服他才能要到更多錢。永哲的節儉已經到了病態的程度，他從來沒買過成串的香蕉。想吃香蕉的時候，他會只買一根回家，然後在全家面前自己獨享。面對永哲過分吝嗇的行為，家人澈底憤怒了，所以妻子帶著孩子跑回娘家。

雖然永哲已經是一個富裕的大人了，但在他的內心深處卻隱藏著一個因貧苦挨餓、整日掙扎在不安之中的小孩。這表示說，永哲現在所取得的成功未能安撫到童年忍受飢餓的自己。

永哲之所以覺得自己克服了過去，是因為他只顧著盲目地往前衝，不肯回頭看。現在已經擁有了財富與名譽的他，仍只顧不斷向前，奔向未來。永哲不允許自己享受當下的悠閒和喜悅，他一心只為了未來不知何時將會遭遇的困難而準備著。

對永哲而言，不存在現在和未來，他只是不斷重複著過去。

試圖隱藏的傷口

有「格式塔治療之父」之稱的德國心理治療師弗里茨・皮爾斯（Fritz Perls）認為，像永哲這樣拒絕生活在當下的人都存在著心理上的精神疾病。

「過去的事都過去了，我都克服過來了！」

大部分來到諮商室的人都會這樣說。但不管這些人如何否認過去受的傷、試圖修正過去，過去仍會在現在的人生裡留下痕跡，並持續影響自己。

在潛意識下，愈是痛苦的經歷愈會埋在最深的地方，然後盡可能地隱藏起來，試圖忘記它。這是為了保護自己而製造的防禦系統之一。因為只有這樣，才能恢復正常的日常生活。

但問題是，愈是隱藏過去的不幸，愈會持續、反覆出現因不幸導致的痛苦。因此，

比起否認過去受過的傷，我們應該以承認的態度，接受它所帶來的影響。這樣一來，才會有恢復的可能性。

家人無法理解永哲，進而選擇離開他的時候，永哲大受打擊。憤怒和怨恨的感情包圍了他。

「妻子和兒子根本不知道沒有錢是什麼滋味，他們不知道被房東趕出去是什麼心情，他們更不可能知道以水代飯充飢的痛苦。明天會發生什麼事，沒有人能預料。這有多可怕，他們竟然不知道。」

面對家人的舉動，永哲不但沒有反省，反而生氣了。這使得妻子和兒子受到更大的傷害，加劇了矛盾。難道真的沒有可以挽回永哲家庭關係的方法嗎？

你好，我內心的小孩！

事實上，永哲比任何人都要孤獨。因為世上沒有人理解他的恐懼與不安，所以他才會痛苦不已。自己這樣節儉完全是為了家人的未來著想，可家人卻不理解自己的這份心意，這讓永哲的心裡更不是滋味了。可是如果他只顧怨恨家人，只覺得自己可憐、應該獲得同情的話，那麼家庭關係最終只會迎來悲劇性的結局。

從現在起，永哲必須踏上至今為止從未走過的一條路。他必須認識到，童年的貧困對心靈造成的傷害並不會消失，眼下富裕的生活也不會因為過度節儉而得到保障，以及在遇到與貧困有關的事情時自己做出的敏感反應，這些折磨自己的不安與恐懼並非源於現在，而是來自過去。

若想與內在小孩和解，就要先從認識它、了解它開始。雖然承認內在小孩的存在就好比從墓地裡挖出遺骨一樣可怕，但當我們坦然地接受了它的存在時，便會發現自己挖出的不是「遺骨」而是「黃金」。

當我們發現受傷的內在小孩保留的感情，並且能接受和尊重它時，我們才能真正的接受自己。

接受自己的意思是要能包容傷口與不足。只有當我們意識到，反覆折磨自己的痛苦不是來自於他人，而是自己本身時，我們才能徹底剷除痛苦的根源。只有當認知到這一點時，我們才能感受到發現黃金般的喜悅。

7

特徵六，較低的自尊感

啃蝕你心臟的蛀蟲

好討厭不爭氣的自己

「我從來沒見過像我這樣不爭氣的人，好討厭一無是處的自己。」

聽到小嫻（三十五歲）這番話，我簡直不敢相信自己的耳朵。因為身穿高級服飾、外表出眾的她，不管從外表或履歷來看都是一個令人羨慕的女生。

小嫻的父母出自名門，並且他們在各自的領域都享有盛名。小嫻從小跟隨父母住在國外，從美國的名校畢業後回國進入了外商公司，如今也擔任很高的職位。

不知從何時起小嫻養成了一個莫名的習慣。下班回到家後，或是週末自己獨處的時候，她會找來一個玩偶放在床上，然後訓斥它。訓斥的內容一般都是當天發生在自己身上的錯誤。

「妳為什麼說出那種蠢話？」

「今天做事怎麼一點成績也沒有？」

「這點小事妳都做不來嗎？」

「滾開！」

「我真是討厭死妳了！」

「妳怎麼就這麼不長進呢？」

這些對玩偶發洩的話，其實都是小嫻對自己的斥責。小嫻告訴我，她一直對自己不滿，每天晚上一想到自己的缺點和過去做出的愚蠢行為就會痛苦不已。

「二十幾歲的時候，我對未來至少還抱有模糊不清的希望，可現在的我算什麼呢？年紀漸長，卻只剩下工作。直到現在我都不知道自己喜歡做什麼，這把年紀再去找其他的事情做也為時已晚了。我真的非常、非常討厭這樣的自己，看自己到處都不順眼。」

不停地表達厭惡自己的小嫻還告訴我，她在公司跟同事的關係也很不好。同事都覺得她太敏感、太挑剔，是一個難以相處的人。小嫻也多少意識到了自己身上的問題，但在別人眼裡她的這種形象已經根深蒂固了。小嫻在戀愛方面也失敗了，她從沒與他人認真的交流，建立親密的關係。

小嫻與他人的關係相處不好，並且覺得自己一無是處，這都與她自身的實際能力毫無關係。問題出自於她較低的自尊感。

你總是責備他人的真正理由

一八九〇年美國的哲學家、心理學者威廉・詹姆士（William James）首次提出了人類最基本的欲念是「自尊感（self-esteem）」，並且指出一個人的行為取決於如何接受自己的概念。

在支配我們日常生活中的感情、欲望、判斷、價值和經驗的意義上，自尊感起到了重大的影響。自尊感的高低取決於我們與父母和周遭大人的互動，人類不管是誰都渴望獲得愛與認可，都希望自己是一個有價值且珍貴的存在。由此來滿足自尊感的欲求，進而感受到自己存在的意義。

向日葵種子生成的瞬間，便意味著那顆種子裡蘊含了未來開花的所有訊息。像向日葵的種子一樣，我們內在擁有的自尊感，包含了關於我們未來如何與他人建立人際關係、會遇到怎樣的人，以及如何分析、適應環境等的核心訊息。

在自尊感方面，童年受到的傷害會留下巨大的傷口。成長過程中，過去的傷會降低自尊感、妨礙自己喜愛自己。傷口愈多愈深的話，自尊感也會愈低，看待自我和世界的視角也會隨之悲觀。換句話說，**較低的自尊感是受傷的內在小孩基本特徵**。

受傷的內在小孩和較低的自尊感所存在的問題，很容易暴露在人際關係上。

較低的自尊感會讓人呈現兩種相反的行為，一種是過於在意他人的判斷和欲求，只把精力放在觀察他人的眼色，缺乏自信，做事畏首畏尾，無法認清自我及自己想要什

麼。

另一種是過於想要控制他人，態度總是充滿攻擊性。這樣的人無法容忍別人的小失誤，進而責備他人。因此無法與他人建立起良好的人際關係，反覆上演緊張和矛盾的情況。

提升自尊感，也會因此改變人生

韓國知名評論家高美淑在著作《我的命運使用說明書》中寫道：「改變命運的方法是改變『日常的節奏』」。意思是說，唯有改變每天反覆的行動，才能為整個人生帶來變化。

我覺得這本書中提到的改變「節奏」所需的首選條件應該是「自尊感」，因為自尊感可以支配日常生活和解釋所有日常現象，所以當自尊感發生改變時，人生才會因此改變。

今天的自己是我們每天做出的選擇，以及根據選擇付出行動的成果。每個瞬間給予自己的價值評價都會成為比外界環境更重要的因素。

認可自己價值的人才懂得尊重自己，也能尊重他人。這樣一來，人與人之間才能建立起良好的關係。因此我們可以把自尊感看作是「社會人（Homo Sociologicus）」生存的核心。

能夠說出「我愛自己」的人，是因為有健康的自我意識，所以才不會受到他人的行為和反應的影響，進而按照自己的主觀意識生活下去。這樣的人不看他人的眼色，能夠真實表露自己的感情，又不會與他人存在問題。

相反地，自尊感較低的人會一直需要他人的認可，並對認可和支持自己的人過分產生依賴。問題是兩者之間發生摩擦時，自尊感較低的人總是會把責任怪罪在自己身上。

指責自己是找出問題原因最簡單的方法，正因為縮短了尋找真正原因的時間和努力，所以內心才不會受到長時間的折磨，但這樣一來就遠離了問題的本質。難以處理的人際關係，並非只是我們的性格和行動的問題。

容。

愛自己的時候，才能愛他人

小嫻在人際關係上遇到困難的最大原因是，她總是習慣責難他人。當他人無法滿足自己的標準或判斷時，就會忍不住發脾氣。她會提高嗓門猛烈批評他人，讓對方無地自容。

由於反覆出現這種情況，小嫻在同事之間的名聲也變得愈來愈差，公司的人都不希望與她共事了。愈是如此，小嫻愈加重了責難他人的強度。哪怕是文件上出現了一個錯字，她也會拍桌子怒吼，大聲呵斥對方。小嫻的這種行為不光會影響人際關係和社會生活，也會對生存造成威脅。

非但如此，小嫻還會把嚴格的標準套用在自己身上。自尊感低的人會像責難他人一樣責難自己，正因為不懂得尊重自己，所以很難去尊重對方。這也是較低的自尊感造成人際關係障礙的理由。

自尊感在人際關係中，特別是親密的關係中扮演著重要的角色。在選擇愛的人和從對方身上獲得愛的過程中，自尊感也扮演著極其重要的角色。**無法認可自己有被愛價值的人，也很難相信別人對自己的愛。有些人一直找不到真愛，究其原因很有可能是對方的問題，但其實大多數問題還是出在自己的身上。**

恢復自尊感的起點是從認識到自己有多愛自己。在獲得他人的愛與認可之前，自己必須先懂得珍惜自己，認識到自己的價值所在。

以追求更好的自己為藉口，不斷自我批評，一直跟他人比較，始終對自己不滿意，由此產生的不安感會讓我們更壓抑。這樣一來，我們便無法獲得成長和幸福。真正的成長是從能夠接受原有的自己開始，為此我們都需要經歷認識「真實自己」的過程。

那天的諮商結束後，小嫻呆呆地坐了好久，她用微弱的聲音說：

「如果連我都不愛自己的話，那這個世界上就沒有愛我的人了……。」

小嫻走出諮商室後，又在走廊的椅子上坐了半天，然後預約了下一次的諮商時間。

小嫻終於踏上了學習如何愛自己的旅途。

8

特徵七，認知感情的困難

你到底為什麼道歉？

你所需要的溝通技術

英國作家艾倫・狄波頓（Alain de Botton）寫了一本小說《愛上浪漫》，主人翁是一個擁有受傷的內在小孩的「完美主義者」，他不僅是一個傑出能幹的銀行家，還有著帥氣十足的外表，言談舉止也是風度翩翩。這位主人翁艾瑞克是一個能夠贏得所有女生芳心的男人。艾瑞克追求一絲不苟，他希望可以掌控身邊的一切。比如，他無法容忍雜亂無章，電話線必須理順、用過的東西必須放回原位。雖然小說中的艾瑞克並不知道內在小孩的概念，但他的一舉一動其實都是在迴避自己的內在小孩。特別是當他覺得感情上的欲求陷入「混亂」時，便會選擇逃避。我們可以感受到孤獨、難過，以及希望獲得他人的安慰，這都是很自然的感情，但艾瑞克卻無法接受。如果產生了這種感情，艾瑞克便會廢寢忘食地埋頭工作，或是把精力集中在其他的事情上。

不肯面對自己感情的人也會試圖迴避與他人交流感情的過程，這樣的人會很抗拒面對自己的感情，同時也絕對不允許對方看透自己的內心。

小說中看似完美的艾瑞克為什麼會如此害怕面對自己的內在小孩呢？其原因背景如下所述：

童年艾瑞克的父親遭到了公司的解雇，之後父親整日酗酒，還對母親施加暴力。母親為了守護家庭隱瞞了家暴的事實，但艾瑞克早就知道每天夜深人靜以後，父親的所作所為。整個家庭的氛圍充斥著母親的痛苦和父親難以自控的憤怒，孩子怎麼可能感受不到這一切呢？

在這樣的家庭環境下，艾瑞克學會了壓抑自己的情感。他漸漸地成長為一個必須掌控自己和身邊一切才能心滿意足的人。

迴避感情欲求的人，是被迫感情麻痺的人。假若患上「感情麻痺」，這種被稱為情緒上的痲瘋病，就會像那些神經壞死後砍掉手指也不會覺得痛的人一樣，即使感受到了疑心、不安、憤怒、傷心和無力感等負面情緒也不懂得表達。童年的艾瑞克感受到了家庭的混亂，因此他下意識強迫自己否認那些自己無法承受的感情，這樣一來感情就漸漸麻痺了。對於像艾瑞克這樣不肯面對自己感情、不懂得表達感情的人而言，在與他人建立親密關係時則會產生嚴重的問題。即缺乏溝通時具備的同理心和共鳴等能力。

若要向對方表達愛意，則必須運用感情。《愛上浪漫》的艾瑞克之所以無法與女友艾莉絲真正的交流談心，正是因為感情麻痺導致了缺乏溝通的能力。

說「對不起」也無濟於事的時候

「我總是把對不起掛在嘴邊，但說實話我不知道自己錯在哪裡，更不知道女友到底想怎樣。我明明很愛她……但不知道問題出在哪裡？」

上班族明秀（三十歲）因為女友的問題心裡很難受。他們以結婚為前提交往了三年，但不知從何時開始雙方覺得在一起很不合拍。

明秀始終如一地坦誠吸引了女友，但隨著交往的時間拉長，女友開始覺得明秀很木訥、無解。明秀最常聽女友講的一句話是：「我真搞不懂你在想什麼。」她希望明秀能對自己講的事情有所共鳴，但他們的對話經常是話不投機半句多。原因在於明秀不輕易表達自己的想法和感情，他總是「裝出一副感同身受」的樣子。

為此每當女友抱怨的時候，明秀都會做出相同的反應：「是喔？對不起。」、「我會努力。」因為明秀只想盡快逃避眼前的狀況，所以才機械式地重複相同的話。就這樣，兩個人的關係變得愈來愈緊張。

正如狄波頓的小說中登場的艾瑞克一樣，明秀也是一個只會迴避自己感情的人。他無法與女友進行深入的對話，因而不停爭吵，但原因並不是他不信賴、不愛女友。問題出在明秀長期以來，表達感受和感情都很消極。他無法自然接受傷心、鬱悶和想要獲得他人安慰的情緒，並且對陷入負面情緒討厭至極。

坐在諮商室的明秀訴說起從國小到高中，父母從整日爭吵不休到分居，最後離婚的整個過程。當時的明秀每天都很傷心、鬱悶，想要獲得他人的安慰。但是，他擔心父母會傷心，不想成為家裡的累贅，所以壓抑著這些負面情緒一路成長過來。

成年之後的明秀雖然能夠表達正面的情緒，但每當感受到童年的內在小孩擁有的負面情緒時，他便會故意選擇迴避。這種結果導致了他與最親密的愛人在溝通時，也會選擇迴避。

面對隱藏的真實情緒

由於明秀長期以來隱藏負面情緒，所以諮商花的時間也相對比較久。首先，明秀讓自己回想起了國小期間每天面對爭吵的父母時的情緒，他說最害怕的瞬間是父母大吵以後，母親收拾行李回外婆家的時候。

在這個過程中，明秀表露出了從未有過的恐懼、不安、難過、怨恨、愧疚、無力感和羞恥心等感情。某一次諮商時，明秀回想過去痛苦的往事，甚至全身痙攣。從出生到現在，他第一次袒露深埋在心底、一直無法對父母表達的感情。

經過長時間的諮商後，明秀漸漸開始面對了自己的負面情緒，表達感情也不再像以前那麼吃力了。他還向交往多年的女友解釋了為什麼自己不擅於表達，無法深入談心的原因，就連童年遭遇的不幸也都如實告訴女友了。

大腦的「靠近系統」和「迴避系統」

感情等於有意識的情緒。如果說情緒是我們內在無意識的一部分，那麼感情則是通過有意識的體驗，經由思考認知的情緒。正因為情緒是無意識的，所以它本身具有著獨立的生命力。

人類的大腦存在兩種對於基本欲求的反應方式——「靠近系統」與「迴避系統」。

靠近系統是負責滿足人類最基本的要求，它會追求快樂，迴避不快樂。迴避系統則是負責察覺危險，起到迴避和保護作用，為了安全控制自己的欲求，防止與他人產生矛盾。

小說中的艾瑞克和諮商室的明秀都屬於專注於迴避系統的類型，但人類無法只啟動迴避系統生活下去。過於依賴迴避系統的人會下意識在內心累積不愉快的情緒，等到難以承受時，就會被不安支配。這種不安的情緒很難消失。

我們的內在小孩會記住受傷時的所有情緒和感情，只有當我們面對內在小孩、直視長期以來一直迴避的感情時，大腦的靠近系統和迴避系統才會發揮均衡的作用。這樣一來，我們內在的欲求才會獲得尊重，也會把我們引向和解之路。在這樣的努力中，情緒會擁有它獨立的生命力，進而賦予我們安定和平靜，也會給我們帶來幸福感。

我們並不是僅靠自己的意志就能獲得熱切渴望的幸福感。幸福感是一種發自內心的感情。只有當這種良性的循環不斷重複時，我們才能恢復健康的自尊感。這樣我們才會獲得人際關係裡迫切需要的「溝通的技術」。

9

特徵八，罪惡感和羞恥心

給自己判處的殘酷刑罰

知名老學者的創傷

「他」是農村貧苦牧師的兒子。童年經歷的貧苦令他心生厭惡，父親在世的時候，生活就已經很貧苦了。當他進入醫大沒多久父親便去世了，之後的生活也因此變得更艱苦了。

雖然生活艱苦，但他仍然想要完成學業。親戚們都希望他能放棄學業，找份工作好來養活母親和妹妹。但他固執己見，堅持讀完了醫大，最終也擺脫了貧困。但他擺脫貧困的原因不是因為當了醫生，而是託了結婚的福，因為妻子是出名的富豪家繼承人。澈底擺脫貧困的他在事業上也獲得了成功。

但在晚年，妻子的離開給他的人生帶來了巨大的變化。他會無緣無故地對身邊的人發脾氣，特別是對金錢極度的不安。他會過分節儉，不光是生活用品，就連買菜也會一一干涉。他會把錢藏在書裡，或是埋在土裡，然後在藏錢的地方標上記號，但也有時候會忘記記號。

儘管貧困的生活早已結束，但貧困的記憶並沒有消失，反倒一直折磨著他的人生。妻子的死更是喚起了他對貧困生活的恐懼和痛苦。雖然結婚讓他遠離了挨餓的生活，但對於貧困的「恐懼」卻從未真正的消失。對他而言，貧困的記憶只是暫時沒有浮出水面，這成了他「未能解決的問題」。

這位農村貧苦牧師的兒子、妻子死後對貧困充滿恐懼的男人，正是佛洛伊德的得意門生、分析心理學的創始人榮格。雖然他在心理學歷史上留下了偉業，但自傳中提到的晚年生活卻讓人大感意外。這位偉大的心理學家也擁有著「未能解決問題」的「受傷的內在小孩」。

未解決的問題把過去帶入現在

吃水果時若不細嚼慢嚥，只顧大口吞下的話，便會出現胃部難以消化、沉甸甸的感覺。雖然水果從口進入到了胃裡，但胃卻難以消化大顆粒的水果。

我們的心也和胃一樣，如果不細嚼慢嚥，未經消化的東西便會殘留下來。心理學上把這稱之為「未解決的問題（unfinished work）」。尚未成熟的孩子遭遇到難以承受的傷害時，難以消化的記憶便會在無意識中完整地保留下來。

比如，童年沒有得到父母充分的關愛，並且從這樣的父母身上受到傷害的人，他們的一生都會受到情感匱乏和自我憐憫等感情的折磨。即使在長大成人以後，從現在的家庭得到充分的關愛，但還是依然存在這種童年的匱乏。當無法得到他人百分百的肯定，或是比以往受到更少的關注時，傷口會立即浮現出來。

當被他人無視、指責或遺棄時……留在無意識中尚未癒合的傷口便會浮出水面，不斷把過去的傷口帶入現在，進而產生痛苦。換句話說，未解決的問題也是內在小孩的另一個名字。

那個孩子的憤怒伴隨罪惡感和羞恥心

我和兒子一起看日本動畫片導演宮崎駿的《紅豬》，曾是人類的主人翁波魯克・羅素是參與過第一次世界大戰的空軍飛行員，在戰爭中他親眼目睹了成千上萬名戰友的死亡。後來他變成了豬，當起了靠擊退空賊維生的賞金獵人。觀看的時候，我不由得自言自語起來：「為什麼波魯克會變成豬呢？」坐在一旁的兒子回了一句：「因為罪惡感吧。」

聽到這句話，我點了點頭，跟著揣測起波魯克不為人知的痛苦。波魯克失去最好的朋友以後，魔法把他從人類變成了豬。在那場戰爭中只有波魯克一個人倖存了下來，但死裡逃生對他而言並不是一件值得感恩的事，這反倒成了他一輩子的詛咒。因為在未來的日子裡，波魯克將懷抱著對去世戰友的思念和愧疚。簡單來講，這就是倖存者的「罪惡感」。對人類而言最痛苦的感情之一就是罪惡感。

「未解決的問題」引發的第一種情緒就是憤怒。不管是在金錢、愛情還是在學業上，人們都對未能解決的問題存在著某種憤怒。但如果深入到憤怒的底層一探究竟的話，便會發現那裡其實隱藏著罪惡感和羞恥心。我們之所以難以面對過去的傷口，正是因為要直視難以承受的罪惡感和羞恥心。

罪惡感和羞恥心是內在小孩的兩種核心感情。因此我們不難發現傷痕累累的人都存在著一個共同特點——過度自責和心存羞恥。帶著過去的傷口生活下去，這本身就很辛苦，可是人們還要加重自己的刑罰，給自己判處罪惡感和羞恥心的罪名。

分離感情和記憶

擁有罪惡感和羞恥心的孩子難以充分感受到自己存在的價值和意義，如果憤怒的對象是別人的話，發洩情緒或許還能減少痛苦。但假如憤怒和怨恨的對象不是別人而是自己的話，那麼痛苦則會變得更沉重和強烈。這是因為罪惡感和羞恥心會反覆攻擊我們的內心。

為了逃離痛苦，孩子會選擇依賴，最常見的方法就是「中毒」：工作中毒、購物中毒、賭博中毒、酒精中毒、藥物中毒或是愛情行為中毒等，這都是為了暫時性的忘記內心的憤怒、罪惡感和羞恥心。但這種行為的最大副作用是，非但不能從根源緩解痛苦，反而會成為不斷折磨人的監獄。

這樣一來，情況只會比之前更糟糕，也會產生更嚴重的罪惡感和羞恥心。這就好比是在原地打轉，一直收到過去寄來的負債通知書。

那麼要怎麼做才能還清過去的負債呢？首先，要放棄徹底還清負債、一次解決問題的想法，「克服」傷口並不等於「澈底」忘記過去痛苦的記憶。克服傷口應當邁出的第一步是把相關的記憶和記憶中的感情加以區分。

想正確的邁出第一步，必須先認知到對於誘發過去傷口的環境和他人的憤怒，其實都是來自於自己本身。雖然痛苦的記憶不會消失，但我們可以區分記憶和那段記憶帶來的感受。

如果能把當時的記憶和感受區分開來，那麼將會對傷痕累累的過去賦予新的意義。若能對過去賦予新的意義，那麼現在也會帶來積極的變化，不久的將來也會因此改變。

原諒過去受到傷害、束手無策的自己，正視自身的弱點、缺點和極限、接受原本的自己，只有做到這些才能與自己的傷口真正和解。

第 2 部

沒關係，
不是因為你

孩子之所以會把這些事記在心裡，

是因為他們未能消化父母的負面情緒和想法。

這就好比牙齒尚未長全的孩子無法細細咀嚼蘋果一樣，

雖然表面上不會造成什麼問題，

但如果胃中留有殘留物的話便會引起不適。

1

人生初期的同等現象

名為「母親」的鏡子

童年的我們經歷了什麼

大多數情況下，如果孩子的自尊感低、自我意識偏向負面的話，孩子母親的自尊感也會較低。因為自尊感低的母親會在無意識中降低孩子的自尊感。

以恩靜的母親為例，由於她患有產後憂鬱症，所以在身心疲憊的情況下難以用溫暖、關懷的目光去看女兒。童年未能與母親建立起親密關係的恩靜，腦海裡只記得母親沮喪的表情和憂傷的眼神。於是，這便成了她長大以後，即使身處一般的環境也會倍感壓抑，毫無原因害怕人們視線的理由。

當然，世界上沒有人能徹底無視他人的視線。他人對自己表達好感時，我們的心情也會隨之好起來；他人對自己給予負面評價時，換作誰都會難以承受。

我們之所以會在意他人的視線，是因為他人看待我們的視線正是「我們看待自己的視線」。特別是在當下每天通過社交平台暴露自己私生活的現代社會，很多時候我們都要讀懂他人的視線，才能快速地作出反應。正因為這在人際關係和社會生活中占據了很大的比重，所以現代人才更容易陷入不安的困境之中。

在人生初期，像恩靜這樣通過母親將負面的自我意識內化的人，難以認知到自我的價值，而且還會在沒有形成健全自尊感的情況下長大成人。這樣長大的人會一直在乎他人如何看待自己，或是乾脆選擇迴避他人的視線，躲進自己的空間度過一生。

既然如此，這種擁有較低的自尊感和負面自我意識的人要如何擺脫過去的陰影呢？

首先，這些人必須認識到父母照射的鏡子不是「自己的意志和選擇」，而是「父母的人生」。

我們無法徹底地理解父母的痛苦和傷口，更不可能原諒他們的過去。困擾他們一生的記憶，我們又怎麼能視為「那都是身不由己的事」呢？但我們可以知道的是，長期以來成為自己一部分的鏡子「並不是自己的，而是他們的。」看到同事聚在一起就會畏手畏腳；與陌生人視線相對就會冒冷汗；走路時總是縮著肩膀、低著頭的恩靜也漸漸醒悟到了那其實都是母親的樣子。

只有當我們「意識到那不是自己」的時候，才能釋懷過去。這才是恢復自尊感的開始。

2

穩定依附與不穩定依附

獻給孩子一生的儲蓄存摺

感情的泉水乾枯的時候

剛剛結婚的秀熙（三十二歲）的丈夫正面臨著職場晉升的問題，所以他把精力都放在業績和成果上。秀熙訴苦說，寧可跟丈夫搬去鄉下生活，也希望丈夫能把精力都放在自己身上，多多疼愛自己。

「我希望丈夫能多疼愛我。但他比起我，似乎更在乎自己的工作。有時候，他對我毫不關心，好像對我厭煩了一樣。」

儘管秀熙的丈夫努力了，但最終還是忍不住說「妳太不現實了」、「懂點事吧」這種話。秀熙對丈夫的努力並不滿意，總是覺得丈夫對自己不夠呵護和關心。

事實上，秀熙與丈夫反覆出現的情況正是過去自己與父母建立關係的模式。童年的秀熙為了得到父母的關愛盡了全力，但屢屢遭遇失敗。這讓她覺得不管自己再怎麼努力都無法得到父母的關心和疼愛。

做生意的父親把大部分的時間都放在了事業上，常常在外招待客戶很少回家，母親也是整日參加各種朋友的聚會很少待在家裡。秀熙為了引起父母的關注，努力取得好成績，也故意闖禍，但父母仍舊對她漠不關心。秀熙離開這樣的父母，找到了疼愛自己的男人，但婚後她對於關愛的渴求仍然不滿足。丈夫對她的愛與她自己感受到的愛絲毫沒有任何的關係。

秀熙存在著「成人依附障礙」，總是在親密的關係中過度不安，或存在不穩定依附障礙的成年人會不斷渴求他人的關愛，並且不知道該怎樣建立關係。像秀熙這樣因缺乏關愛而空虛和孤獨的人，總是會把問題推卸在對方身上，進而要求對方單方面改變。

這種情況真正的原因並不在對方的身上，不管對方再怎麼努力，給予多少的關愛，存在不穩定依附障礙的人始終不會滿足。這樣的人面對別人做出的努力，非但不會給予積極的評價，反而會憤怒，認為「既然可以改變，為什麼之前不努力呢？」、「早該這樣對我！」這種情況反覆發生的話，只會讓情況愈來愈糟糕。

依附的類型：穩定依附與不穩定依附

德國的家庭治療師伯特・海寧格（Bert Hellinger）指出「渴望愛卻得不到愛的人，問題出在缺乏創造愛和感受愛的能力。」覺得在這方面存在問題的人，要想追究其原因，則必須追溯回童年的依附關係。

「依附」是人類生物學上的本性之一。新生兒的笑、哭和抓東西等表現都是典型的「依附行為」，這是他們需要母親的語言和身體發出的信號。我們與他人建立關係的方式取決於童年是否信任和依賴父母，因此依賴的形態和類型會因人而異。

比如，在父母細心呵護下長大的孩子，即使與愛人分隔兩地也較能克服問題。雖然他們也會因分離而難過和思念，但並不會延伸出毀壞性的絕望感。

這樣的人就算是經歷了人際關係的挫敗，也會嘗試展開新的、更深的關係。這樣的人屬於「穩定依附」的人。

相反地，「不穩定依附」的人因童年沒有體驗過穩定的依附關係，所以內心生成了受傷的內在小孩。而形成不穩定依附的最主要原因是，在成長的過程中反覆遭遇父母的拒絕。

雖然這樣的人最渴望的是關愛和親密感，但他們卻會採取與內心相矛盾的行動。因為他們會無意識地把童年與父母的矛盾套用在眼下與自己建立起親密關係的人身上，他們一方面在內心渴望被愛，另一方面卻無法接納溫暖的感情，進而給另一半或子女造成傷害。

形成不穩定依附的人會無意識害怕親密感，他們乾脆選擇迴避親密的關係，或是對不知能持續多久的關係極度不安，因而過分糾纏對方。極度不安時，他們會選擇提早逃離，或是用死纏爛打的方式。**在心理學上這種成人的不穩定依附類型大體可分為「逃避型」和「執著型」。**

因為這種類型的人在人際關係中總是處在緊張的狀態和持續不安之中，所以很難以平常心來維持親密的關係。遺憾的是，**對這樣的人而言，愛情不是充滿心動和幸福的一件事，而是非常勞神費力的事。因為擔心不知何時對方會拋棄自己、害怕對方根本不愛自己的想法會一直支配他們的生活。**

害怕愛情的矛盾心理

日本作家村上春樹的《挪威的森林》中登場人物渡邊徹，就是一個存在不穩定依附的典型人物。就讀於東京大學法律系的渡邊徹家世顯赫，父母在名古屋經營知名的醫院，哥哥也以優異的成績畢業於東京大學醫學系。雖然從外貌來看他也是一個無可挑剔的人物，但卻缺乏與他人親密相處的能力。

渡邊徹出眾的外貌和魅力的性格獲得了很多人的好感，但他只肯跟女生發生一夜情，然後便陷入自我厭惡和喪失信心的狀態。儘管渡邊徹有一個深愛他的女友，但最終他還是選擇了拋棄女友。渡邊徹害怕的是在愛情中與他人建立起的「親密感」。童年在親密關係中受過傷害的人，普遍都會存在這種矛盾且奇異的心理。

存在依附創傷的人在長大成人後，當與他人建立新的人際關係時，會害怕將自己徹底交付給對方。這種人的內在小孩渴望著親密感的同時，也會感到壓力和負擔。他們既想跟心愛的人在一起，又很害怕相處的時間，所以總是陷入進退兩難的處境。

但在這個世界上沒有絕對不可能改變的事情。以秀熙的情況舉例來看，她通過長期的諮商，漸漸意識到自己的痛苦並非來自於丈夫，而是來自於父母。然後接受了這一事實。

變化從這裡開始。當秀熙認知到丈夫不同於父母，自己把對父母的感情套用在丈夫身上時，這才對「丈夫不會拋棄自己」產生確信。

就像父母離開孩子身邊時，孩子因確信父母遲早都會回來，所以能處在穩定的心理狀態下等待父母一樣，秀熙也對丈夫擁有這樣的確信後，才漸漸緩解擔憂和害怕。

雖然丈夫經常加夜班、參加晚上聚餐和高爾夫聚會，週末在一起的時間也減少了，但秀熙卻說自己體會到被愛的感覺。

愛可以治癒傷口，也能帶來改變的力量。在人際關係中，因愛帶來的情緒反應是最幸福的感受。但由於不安而過度糾纏對方，或是經常選擇逃避的話，就有必要認清其實當下的感情與現在的對象毫不相關。並不是單方面付出才能感受到愛，必須修正童年因父母而形成的「不信賴對方」的內在想法，這樣才有可能理解愛其實是互相給予和接受。

冷嘲熱諷的人都是受過傷的人

某個春天，大學生智勳（二十四歲）在父母的強迫下來到諮商室。不管怎樣，他人來了，但預約下一次的諮商時間卻成了一件難事。智勳不僅挑剔、敏感，有時還很執著，他經常打電話來更改預約的時間，並且在諮商當天總是遲遲不肯現身。

第一次諮商時，智勳對我充滿了戒備，他每說的一句話、使用的詞語都充滿了防備。正因如此，他沒有對我袒露心聲。諮商快要結束的時候，他用評價的口吻對我說：

「今天的諮商若以上中下來評分的話，您算是『中』喔。」

用智勳家人的話說：「這個孩子凡事都是冷嘲熱諷的態度，事事都要做出評價。」對我而言，這是一位非常需要耐性的諮商對象。

雖然智勳經常提出瑣碎的要求、頻繁的更改日期和遲到，但他還是老老實實接受諮商。通過長時間的諮商，我漸漸掌握了他的成長過程，意識到他存在對於過去的依附問題。

智勳的父母沒有一天不爭吵，家裡幾乎天天都會發生矛盾。他板著臉，用諷刺的語氣對我說：

「我爸媽不會吵架的時候，是在他們認識彼此之前。」

智勳提到父母的時候，表情裡充滿了不信任和憤怒。這是因為他的內在小孩從未在養育自己的父母身上獲得穩定的信賴和信任。

孩子的人際關係和與生俱來的天性和性格無關，會直接受到照料者的影響。面對如同宇宙般的父母，如果不能對其信任的話，勢必將會給孩子帶來巨大的痛苦。存在不穩定依附的孩子不光受到父母的傷害，也會受到其他人的傷害。治療兒童行動問題的心理學家約翰・鮑比（John Bowlby）說過：「漠不關心的假面具背後存在嚴重的痛苦，冷靜的態度背後隱藏失望。」鮑比諮商過的孩子會表現得極其冷靜，每個人都努力不讓自己「再度受到傷害」，但他們的內心卻充滿了失望和憤怒。正如坐在諮商室裡的智勳一樣。

在展開人際關係以前，童年因父母沒有給予自己安全感和保護，而產生了抗拒心理，這是他們擁有的最大苦惱，一輩子困擾自己的刑罰。

獻給孩子一生的儲蓄存摺

「關係能力」是社會生活中必備的生存技巧。在團體中建立廣泛的人際關係，不樹敵、能與所有人和睦相處的人自然會受到大家的關注。特別是現在溝通能力成為領導者所需的基本條件，關係能力即是才能，也成為了一種競爭力。

但並不是靠閱讀自我開發書、僅憑個人的努力就可以獲得這種能力。這種能力是取決於童年與父母的依附關係的影響。

與母親建立起穩定感情的孩子會對外界充滿好奇，會願意接受新的信息。正因為他們不受陌生世界和他人的威脅，所以才能以單純的好奇心認知世界，進而成長為具有開放性和流通能力的孩子。遇到生疏的狀況和與陌生人初次見面時，這種穩定的心理狀態將會成為孩子踏實的財產。

即使與孩子相處的時間短，但母親與孩子形成穩定依附關係的關鍵在於，母親會成為孩子溫柔「接觸」的對象。在溫柔擁抱的「接觸」過程中，母親與孩子形成了依附關係。正因為接觸是親密感最切實的表達方式，所以母親緊緊擁抱孩子的行為不單純只是擁抱，而是會成為孩子生存和成長的基礎。

母親以溫柔的目光望著孩子，並抱起他的瞬間，將會成為孩子漫長人生中最重要的一刻。兒童心理學家把這種行為稱之為母親送給孩子的「人生儲蓄存摺」。這個存摺如果夠豐厚的話，那麼孩子不管處在任何危機和痛苦中都會堅持過來。

溫柔的接觸自然會帶來名為保護和照料的禮物，童年是否能從父母身上獲得這種禮物，將決定孩子未來的一生。

總而言之，父母對孩子的舉動決定了孩子情感上所謂的「貧富差異」。如今，這也成了研究心理學的基本前提之一。

當然，信任他人並不是一件簡單的事，這甚至是一件很危險的事。佛洛伊德說過，人們在陷入愛情時是最容易受傷。但我們必須清楚，給自己造成傷害的父母與他人是不同的存在。只要抱有「這是不一樣的」、「這是可以改變的」確信，我們便可以緊握希望。

3

幼兒期形成的內在對象

邪惡的魔女或美麗的天使

「壞媽媽！」背後的真實心理

媽媽帶著夏恩（六歲）來到諮商室，她說自從有了弟弟，夏恩經常鬧脾氣、纏著自己不放。媽媽原以為夏恩也跟其他的孩子一樣，只是出於對弟弟的嫉妒，過段時間就會沒事了。但沒想到夏恩的情況愈來愈嚴重了。

如今夏恩開始不分場合和情況的對媽媽亂發脾氣，這種攻擊性也頻頻瞄準了弟弟。媽媽發現夏恩偷偷掐、打弟弟的腿，但就算斥責她，她也完全無動於衷。

坐在諮商室裡的夏恩不斷重複著一句話：「壞媽媽，討厭媽媽。我不要！」夏恩的媽媽向我訴苦，她很想知道孩子為什麼這麼討厭自己。

當孩子覺得從父母身上獲得的照料和關心不夠時，很難理解和接受這一事實。因為孩子沒有能力理解大人的情況，更不可能知道媽媽在職場受到的壓力和對育兒生活精疲力盡。

正因為不理解所有的情況，所以孩子才會將無法滿足自己欲求的媽媽分類成「壞媽媽」。只有這樣做，孩子才能確保自己不再受到傷害。

壞的內在對象與好的內在對象

英國精神分析學家梅蘭妮・克萊恩（Melanie Klein）指出，孩子不會如實地看待母親，而是通過自己的幻想來認知母親。這種幻想源於母親對孩子的行動，加上孩子自己的感受。克萊恩觀察到，如果母親不滿足孩子時，孩子眼中的母親就會像企圖下毒害死自己的殘忍女巫。但當母親滿足自己時，母親又會變成美麗善良的公主。

像這樣通過自己的幻想認知的對象稱之為「內在對象（internal object）」，這是孩子觀察世界的一種方式。孩子不會如實地看待周圍的一切，而是通過自己的幻想認知一切。

剛剛來到世界上的孩子無法分辨母親。最初孩子只需要母親的哺育，孩子漸漸認知到母親溫柔的視線、擁抱和愛撫，最終澈底明白母親是有別於自己的「他人」。當孩子區分開自己與母親以後，便會產生「內在對象」。

對孩子而言，母親就是全世界。母親是否能滿足自己，決定了孩子是否滿足和幸福。如果得不到滿足的話，孩子會缺失和不幸。

孩子的幸福與不幸完全取決於母親。這是多麼單純又絕對的關係啊！

失去全世界的恐懼

克萊恩提出孩子若因無法充分獲得母親的照料而產生缺失和挫敗感時，「孩子會感受到二戰時期猶太人在奧斯威辛集中營中遭遇屠殺般的恐懼。」孩子用力哭鬧、糾纏母親時，站在孩子的立場來看就好比送進瓦斯室一樣痛苦。

成年人的一生會不斷經歷矛盾與雙面性，而這種情況並不只發生在成年人身上。長大成人的子女在與父母的關係中產生的愛與憎惡、挫敗與滿足、不安與恐怖等複雜的雙面感情也會出現在幼兒期的孩子與母親身上。對孩子而言，母親是一個愛恨交錯的複雜對象。只是說，因為孩子沒有能力分辨和整理這種複雜感情的能力，所以才會單純地以「黑」或「白」來分類。簡單的說，就是將母親分為「好媽媽」和「壞媽媽」。

穩定滿足欲求的孩子會在內心形成「好的內在對象」。相反地，反覆無法滿足欲求時，便會形成「壞的內在對象」。就像反覆經歷欲求挫敗的夏恩一直說「壞媽媽」一樣。

合併「壞媽媽」和「好媽媽」

孩子會把對於母親的感情套用在其他人的身上，近到無法信賴幼稚園的老師，遠到長大以後，如果對方不能滿足自己時，便會出現極大的憤怒，並且在無意識中將對方視為過去分類為壞對象的媽媽，也會下意識將過去的負面感情發洩在對方身上。

成年人若出現這種行為很難讓人理解，大家會覺得這個人怎麼會這樣，甚至會懷疑他的精神是不是出了什麼問題，因此很難維持正常的人際關係。這樣的人在建立單純、形式上的人際關係時，存在著一個共同點：不會在意對方是怎樣的一個人，而是會把重點放在區分對方是否能滿足自己的欲求。只在意這些的人很難體會到人際關係中人與人之間的親密感和歸屬感帶來的喜悅，由於難以融入大家，所以總是孤獨、不合群。

為了能建立信賴對方的穩定關係，必須懂得「合併」的智慧。正如孩子一點一點認知到母親的不同面向一樣，長大以後的我們，也應該努力看到對方的所有樣子，而不是以一部分來評價對方。

是否有人令你很失望呢？難道令你失望的原因，不是你用一部分判斷他整個人嗎？只有了解對方的另一面，我們才能將「壞的內在對象」轉換為「好的內在對象」。也只有當接受這種矛盾的時候，我們才能真正的成長。

4

支配人生信念的「內射作用」

那都不是你的

「都是因為你」

今年讀國三的民俊在一年級時遭到了同班同學的集體霸凌。上課時，同學跟民俊開玩笑，但民俊沒理睬他，於是二人發生了爭執。最終爭執演變成了嚴重的謾罵和暴力。其他同學看到民俊對此毫無反應，於是也加入了欺負人的行列。對民俊而言，國一的時間如同地獄一般。

從那以後，民俊為了避免遭到同樣的待遇，製造了一堵防護牆——把自己變成「透明人」。面無表情的民俊不再與任何人交談，不管遇到什麼事，他都不會動搖。為了躲避同學的視線，民俊一直處在緊張的狀態下。放學回到家，民俊感覺耗盡了所有的能量，再也沒有力氣做其他的事情了。

但我與民俊的母親交談後發現，民俊的痛苦不僅僅來自於學校生活。民俊的母親在未婚前帶著弟妹從鄉下來到首爾，父母以替她繳學費為代價，把照顧弟妹的義務也直接交給了她。

對民俊的母親來講，青春期少女可以享受的美好時光竟成了奢侈品，放學後她必須回家給弟妹做飯，洗衣服、做完家務之後還要監督弟妹寫功課。這些事情都做完以後，她這才擁有了屬於自己的時間。

民俊的母親回顧往事說，結婚後生下民俊，根本沒有生下第一個孩子的感覺，因為很久以前照顧弟妹的生活已經讓自己精疲力盡了。自從把民俊從婦產科接回家以後，自己每天都過得備感壓力。

在撫養孩子的過程中，母親擁有的負擔和消耗感下意識地傳達給了民俊，於是孩子也在不知不覺中將這些負面情緒吸收了下來。就這樣，「我好累，我這麼辛苦都是因為你」的訊息漸漸變成了孩子的想法。

民俊在內心深處存在對自己的不信任、自卑感和過度不安，這也讓他很痛苦。

替父母鞭打自己的孩子

我們會在潛意識中模仿他人，不僅是他人特定的行動，就連他人傳達給我們的訊息、感情和想法等也會在不知不覺中進入我們的內心，根深蒂固。即使這些原本都不屬於我們。

「內射（introjection）作用」是指無意識地將他人的想法和行動吸收成自己的行為。即，民俊無意識地將母親傳達出的「因為你，我才會這麼辛苦」的訊息內射化，刻在了自己的心裡。如果說「投射作用」是將自己的不安與混亂推卸給他人的話，那麼「內射作用」則是吸收他人的不安與混亂，並把這看作是自己的一部分。因此，內射作用也稱之為「內向投射」。

孩子會通過投射和內射來調節感情。出生後，孩子初次內射作用的對象是母親哺乳自己的胸脯，肚子飽了心情自然就會好，於是孩子把這種滿足感視為「都是因為我」才能喝飽奶。正因為這樣，孩子愉快和滿足的時候，也會提升自尊感。

只有在周圍環境穩定的情況下，才會發生這種積極的內射作用。孩子之所以完成一件事後會一邊叫喊：「我做好了！」一邊炫耀給媽媽看，就是一種內射作用。

相反地，如果從父母身上接收不愉快的訊息，孩子也會吸收，然後把原因都怪罪在自己身上。這樣一來，自尊感也會隨之降低。

把父母的話吸收為自己的話

令人驚奇的是，孩子通過內射作用吸收的內容會長時間留在他們的心裡，近似於「信念」般根深蒂固。有些內容與事實相反，甚至是扭曲了事實，但孩子也會吸收下來。正因如此，父母經常對孩子說什麼就非常重要。站在父母的立場來看，為了管教孩子而說的這些話勢必會影響他們的一生。

譬如，有的父母會習慣對孩子講：「你到底是像誰，怎麼這麼懶呢？」、「欸，我這命啊，為了生下你吃了這麼多苦。」孩子聽到這些話自然會不開心，但問題是，這些話會通過「內射作用」留在孩子的心裡。父母是因為傷心才講出這些話的，但孩子卻都信以為「真」了。

孩子不明白父母講出這種話的原因，更無法掌握前後的脈絡，他們只會將這些話聽進心裡變成自己的聲音。克萊恩把這種「負面的內射作用」行為看作孩子在心理上進行「自我鞭笞（self-flagellation）」的心理虐待。

也就是說，即使父母沒有虐待孩子，孩子也會自己虐待自己。雖然父母只會在特定的情況下嘮叨一番，但那些話會通過內射作用一直迴盪在孩子心裡。

不信任自己的孩子會失去一切

孩子因為無法消化父母的負面情緒和想法，所以始終會把父母說的話留在心裡。這就好比牙齒尚未長全的孩子吃蘋果時不能細嚼慢嚥，只能靠吞噬一樣。正因為無法細嚼慢嚥，所以留在胃中的大塊殘留物會引發身體不適。

孩子硬是吸收的負面情緒會造成在心中「不信任自己」，這會導致孩子喪失自信心，陷入不安。對於他人的影響力、意見，以及關於自己的評價，孩子會不假思索接受，這都很理所當然。無法過濾他人的意見會給孩子帶來痛苦，進而更喪失自信心。不知不覺地，孩子為了避免他人的批評，急於保護自己而努力取悅他人。

這樣講並不是阻止父母不要管教孩子，而是希望父母在傳遞訊息時，盡量避免加入自己的負面情緒。

當發覺自己做錯了什麼，或是遇到困境時，把自己內在的聲音寫在筆記本上，圈出其中最不想聽到的話、最令自己痛苦的話。

最初是從誰的口中聽到這些話的呢？當時自己做出了何種反應？

現在的痛苦都是長期積累下來的結果。為了理解自己眼下經歷的痛苦，我們必須認清無意識中通過「內射作用」吸收了什麼。那些給自己帶來痛苦的感情和想法真的都是自己的嗎？此時此刻，是時候來反問自己了。

5

自戀的作用

我們曾經都是無所不能的神

喪失了人生意義的孩子

讀高一的俊英之所以會來諮商室，是因為他不肯去上學。直到國中畢業一直都是全校第一名的俊英，在升上高中以後乾脆「放棄了學業」。他每天只顧著玩遊戲，成績自然一落千丈，然後連學校也不肯去了。俊英認為學習沒有用，再也不想做毫無意義的事了。他無精打采地說：

「我在學校除了睡覺什麼事也不做，去做什麼呢？」

像俊英這樣突然失去活力、變得懶惰、陷入絕望的孩子愈來愈多了，他們的共同點是，都對未來不抱有希望。對這些孩子而言，人生失去了意義，更尋找不到挑戰新事物的動機了。俊英的父親是一個工作狂，他們父子之間從沒有過近距離、坦誠的交流，獨自一人挑起扶養、教育孩子重擔的母親長年患有慢性憂鬱症。小時候的俊英努力做功課是為了討父母的歡心，但就算自己取得了好成績、獲了獎回家，父母也不會分享他的喜悅，成為他心靈的依靠。

健康自戀的源泉

兒童心理學家唐納德・伍茲・威尼科特（Donald Woods Winnicott）指出，當孩子得知母親在為自己準備食物時，會獲得心理上的安慰。因為此時孩子可以預測到母親正在做的事，能夠預測未來發生的事情會成為孩子忍耐飢餓的原動力。

雖然成年人不認為自己擁有全知全能的力量，但小時候我們都曾經覺得自己無所不能。幼童時期母親會滿足我們所有的要求，因此我們會把自己看成是宇宙的中心，下意識幻想自己是一個無所不能的人。我們確信凡事都會按照自己的意願發生，不順心的話，可以用哭鬧來解決。那時的我們都處在充滿自戀的狀態。

人生初期，體驗過「無所不能」的孩子會相信可以預測和控制世界，同時也會讓他們產生莫名其妙的自信心和穩固的自尊感。可以預測世界的時候，孩子便會發揮忍耐和勇氣。

相反地，沒有體驗過「無所不能」的孩子會認為「世界是無法預測的」，因此「沒有自己可以做的事」。在這種情況下成長起來的孩子有可能會喪失學習能力和創意潛力。如果不穩定的依附關係引發出喪失感的話，孩子便很難學會體驗快樂的方法。這樣的孩子會對所有的事情失去興趣，凡事採取漠不關心的態度。

我們藉由「適當的挫折」獲得成長

對人類而言，全能感是一種健康自戀的源泉。幼童時期認為自己無所不能的誇大妄想會成為日後生活中所需要的幻想，因為在面對無數次的失敗和挫折時，這種幻想會成為保護自己的一道「防護牆」。但是，沒有受到保護的孩子無法建立起依賴和穩定關係，因此無法產生面對世界的意志和努力生存下去的動機。

幼童時期的誇大妄想隨著漸漸長大會發生變化，在成長的過程中孩子會通過「適當的挫折」認知到自己的極限，了解到「即使是哭鬧也有行不通的時候」。孩子會藉由這種過程來「平衡自我」。

美國心理學家海因茨・科胡特（Heinz Kohut）認為幼童時期的自戀可以轉換成「同理心、創意、接受、幽默和智慧」等能力。對成年人來講，這些都是與他人建立關係時必須的能力。

但持續經歷挫敗，從未體驗過「無所不能」的孩子會一直停滯在誇大妄想的階段。

一般情況下，孩子在成長的過程中遇到自我能力的極限時，會接受現實、做出妥協。但與之相反的孩子則會一直原地踏步，否定自己的極限和眼前的現實。

從未依賴過父母的俊英，在幼童時期或許沒有體驗過「無所不能」，他通過自己的努力取得了優異的成績，儘管如此，工作狂的父親和患有憂鬱症的母親也沒有認可他的努力。

近來在兒童、青少年和青年群體中有很多人像俊英一樣缺乏自信心，凡事提不起興致、喪失鬥志。如果自己的孩子也出現了這種情況，父母有必要在責怪孩子以前先提出反問：「孩子是不是在小時候沒有形成無所不能這種誇大妄想，這種情況是不是來自挫敗感？」

來自「無法控制」的不安

威尼科特認為孩子擁有的全能感來自於母親。當孩子確信自己擁有穩定的依賴對象時，將會產生勇敢面對世界的力量。相反地，如果不存在這種對象，孩子則會持續處在痛苦的狀態。在這種情況下，孩子會感受到身體消失般的恐懼，深陷其中無法自拔。

威尼科特是第一位提出患有憂鬱症的母親會影響孩子精神狀態的學者。其實，威尼科特也有一位罹患慢性憂鬱症的母親，他通過自己的經驗總結出，被患有憂鬱症的母親撫養長大的孩子會理所當然地把「讓母親開心」當成「自己的事」。

患有憂鬱症的母親若不能細心照顧孩子，那麼就等於孩子從出生以來沒有可以依賴的對象。這樣的孩子雖然無法依賴母親，但也不想就此失去母親，所以會把自己的人生設定成「為了母親而活」。這種情況下的母子關係發生了角色的替換，母親接受了孩子的照料。

若想要孩子擁有全能感，父母則必須充分扮演可以讓孩子依賴的對象。罹患憂鬱症的母親之所以無法成為依賴的對象，正是因為「無法預測」的關係，孩子在母親的表情和行動中根本無法預測接下來的事，所以才會不安。

當孩子接受了無法依賴母親的事實時，自己便無法形成健康的自戀。這會讓孩子丟失自信心、陷入無力、憂鬱、墮落的狀態。

事實上，大部分困擾我們的問題並不是問題本身，而是我們沒有能力解決問題的無力感。「不可控制」和「不可預測」是人類最為痛苦的狀況，追求秩序是人類的本能，因此我們從在母親的懷裡開始就渴望著預測、控制母親的一舉一動了。

6

死亡般恐懼的「分離焦慮」

最初也是最棒的援軍

人生最初的援軍

日本作家鹽野七生在著作《羅馬人的故事》中描寫了日耳曼族非常有趣的戰鬥方式。即使是出戰，日耳曼族也會帶上家人同行，並且在妻子和孩子的應援聲中奮勇作戰。古代社會戰敗就意味著「失去一切」，所以這些勇往直前的日耳曼族戰士絕對不會後退。家人成了他們背後可靠的援軍。不光是戰場上的戰士和競技場上的選手需要加油打氣的援軍，日常生活中我們每個人也都需要他人給予的支持和鼓勵。

人生中最需要應援的時期是剛學會走路的時候，隨著一天天的長大，孩子會漸漸意識到自己是與母親分離的個體，直立行走就是意識行為之一。行走能力的意思是指按照自己的選擇，能夠自由移動的力量。

學步期間，孩子無法判斷是應該完全依賴母親，還是按照自己的選擇前進，所以才會在每邁出一步時觀察母親的表情、採取的行動，以及講話的口吻。

此時此刻，為孩子加油打氣的聲音會幫助孩子脫離母親，建立獨立意志的作用。父母對孩子笑，孩子便會接收積極的信號，然後把這種積極的表情和情緒當作是自己的。此時如果孩子得不到父母的鼓勵與支持的話，孩子會不安，難以判斷接下來自己應該如何是好。

這段時期的孩子即使是能爬行或是大步行走，最終都還是會回到母親的懷抱，而且會一直需要母親的鼓勵。從出生十八個月到三歲的孩子在邁出人生的第一步時，最需要的就是父母的應援了。

孩子漸漸學會自立和獨立的時候，即開始學會講話、使用餐具、行走和不斷犯錯的時候，身邊會一直需要父母的加油、鼓勵，並且對他們說：「你可以的」、「我們相信你」、「爸爸媽媽在這裡」。

孩子的分離焦慮來自於不穩定的依附

「孤獨」是人類最難以忍受的痛苦之一。但矛盾的是，我們為了不孤獨的生活必須擁有「孤獨的能力」。即，學會「能夠獨處的能力」。威尼科特指出，在孩子的情感發育階段最重要的是培養他們的獨處能力。獨處的能力與「成熟的情緒」息息相關，但孩子是無法自己悟出這種能力，因此需要家長在一旁給予「全力支持」。

缺乏獨處能力時，表現出的代表性特徵便是「分離焦慮」。分離焦慮是指無法忍受母親不在身邊，這種情況一般出現在與父母形成不穩定依附的孩子身上。

幼童時期的孩子尚未擁有與父母使用語言溝通的能力，這時如果母親離開孩子身邊，孩子無法理解狀況。所以當孩子意識到母親不在身邊時，便會如同死亡般的恐懼和難過。孩子發出的哭喊聲中蘊含著死亡般的絕望和失去的痛苦。但如果母親立刻出現的話，孩子的不安和痛苦便會立即消失不見。

相反地，如果母親離開的時間過長，或是返回後表現出冷漠的態度和對孩子置之不理的話，孩子的絕望和難過將會一直持續下去。

即使看不見，也一直守護在身邊

或許在大人看來，那些父母剛離開身邊就大哭大鬧的孩子，都是性格挑剔的孩子，但是對於不知道母親什麼時候回來的孩子而言，暫時的離別就好比感受到了「母親的死亡」一樣。孩子尚未學會如何處理分離時的難過，更不可能像成年人一樣用語言表達出難過之情。當這種絕望和難過一直持續下去時，孩子便很難察覺出內心渴求獨立的欲望。正因如此，孩子才會無時無刻需要父母，甚至纏著母親誇張地表達自己的痛苦。

孩子會本能地希望與父母建立依附關係。假若父母無法給予孩子細心的照料而導致建立關係失敗的話，孩子不僅會受到傷害，也會對長大成人後的生活帶來持續負面的影響。正如前面提到的秀熙和智勳一樣。

在這裡我們可以看到兩種類型的母親，一種是能夠幫助孩子培養獨處能力的母親，另一種則是相反的。若想培養出孩子獨處的能力，首要條件是必須建立穩定的依附關係。只有在母親的陪伴下，孩子確信母親是可以預測的存在時，才會建立穩定的依附關係。

建立起穩定的依附關係後，孩子認知到母親的存在和鼓勵時，就算母親暫時離開，孩子也會相信母親很快就會回來。這種確信會讓孩子在獨自挑戰嘗試什麼的時候，以及在陌生的環境下與他人接觸時，能夠產生自信心和勇氣。

換句話說，並不是自然就會形成勇氣，而是來自於對外界的「確信」和「信賴」。孩子如果能對長期陪伴在身邊的人產生確信，這便是他來到人間收穫到的第一份，也是最棒的禮物了。

父母的內在小孩

親生母親怎麼會這樣？

既愛又恨的關係

美玉（五十四歲）剛走進諮商室便說了對女兒的看法。她從未把這些話對別人述說，所以猶豫片刻才繼續說道：

「我常常覺得女兒很討厭，有時甚至很嫉妒她。身為母親應該為女兒的成功高興，但我卻在心裡嫉妒她。我是一個沒有資格做母親的人吧？」

對女兒一直心存這種想法，讓美玉很羞愧。美玉的女兒從小就很聰明伶俐，上學後更是聰明超群，讀高中時成績也一直名列前茅，而且大學順利考上名校。性格開朗的女兒積極做義工，參與社團活動，也如願以償找到了好職場。女兒的實力更是得到了公司的認可，最近公司還破例讓她升職。美玉身邊的朋友得知這消息後，都很羨慕她栽培了這麼優秀的孩子。

但正如美玉自己說得那樣，她對女兒又愛又恨。雖然自己跟女兒的關係很親密，但內心深處卻總是在嫉妒女兒。

這對母女存在著一個共同點。美玉小時候，母親從未用溫柔的眼神看過她，也幾乎沒有表揚過她。同樣地，美玉也這樣對待自己的女兒。即使女兒取得了優異的成績，但美玉還是會要求她找出失誤，下次再提高分數。

美玉和自己的女兒一樣，童年不斷遭受母親的否定，因此產生了心理上的剝奪感。這使得她們建立起了既愛彼此，但又互相猜忌、厭惡對方的混亂關係。

善良的媽媽「聖母瑪利亞」和惡毒的媽媽「莉莉絲」

自古以來，母親一直被世人看作是育兒和奉獻的化身。在西方人們會把「聖母瑪利亞」與母親的形象聯想在一起，而在東方，大家則以儒家思想刻劃出了「犧牲的母親」形象。母親慈祥愛子的形象在世人的心中從未動搖。但世間真的只有肯犧牲、奉獻的母親嗎？

最近的新聞中總是可以看到虐待親生子女，甚至殘忍殺害孩子的母親。這樣的母親引起了社會的公憤。當母親脫離了印象中原有的形象時，我們會憤怒。但事實上，很早以前人類史上就存在著這種像魔女一樣攻擊、殺害子女的母親了。

德國心理學家漢斯・約阿希姆・馬茲（Hans Joachim Maaz）把這種與「聖母瑪利亞」相反的母親形象稱之為「莉莉絲（Lilith）」。

以色列傳說中的人物莉莉絲，在希伯來語中帶有「夜之魔女」的意思。傳說中記載，誕生的第一個人類亞當，在與夏娃結婚之前曾與另一名女子結婚，這名女子就是莉莉絲。亞當希望莉莉絲服從於自己，但莉莉絲認為男女應該是平等的，結果她就被趕出了伊甸園。

在歌德的《浮士德》中，莉莉絲是以亞當的第一任妻子，且誘惑、糾纏男人的魔女形象登場。記錄顯示莉莉絲是一個被詛咒的女人，她不僅會生下注定夭折的孩子，還是誘惑男人的淫蕩婦人和殺害孩童的凶手。因此在西方，莉莉絲成了傳說和童話中傷害孕婦和孩子的魔女原型。

莉莉絲與願意順從丈夫、擁有慈母形象的夏娃相反，成了不肯順從丈夫、殺害子女的母親象徵。

孩子充當著母親受傷的內在小孩的角色

我們印象中的母親都對孩子無私奉獻、疼愛有加，因此無法接受自私、貪心、毀掉孩子一生的母親。即使沒有到這種嚴重的程度，但所有的母親也還是隱藏著莉莉絲的一面。

莉莉絲最主要的特徵之一是「否定孩子的態度」。為什麼母親會否定、討厭自己的孩子呢？這是因為孩子充當著母親受傷的內在小孩的角色。正如孩子會把自己與母親融為一體一樣，母親也會同等看待自己與孩子的關係。母親否定孩子就等於是否定童年受到傷害的自己一樣。這是這類母親下意識解決問題的方法。

孩子若從母親身上無法獲得充分的認可與愛的話，將有可能發展成兩種類型的母親。一種是全心全意給予孩子認可和愛的母親，另一種則是成為像自己的母親一樣、否定孩子的母親。後者屬於佛洛伊德所說的「反覆強迫」的母親，即存在著受傷的內在小孩的母親。

即使無法溝通，孩子也明白一切

母親的否定會無意識地傳達給孩子，雖然母親和孩子無法進行語言溝通，但孩子會通過母親的眼神、接觸、表情、氛圍和聲音感受她的內心。

當孩子感受到母親否定自己時，母親就會變成如同莉莉絲般危險的存在。這種不被母親接受的感覺會成為孩子痛苦一生的根源。

馬茲認為大部分受到自尊感和自我本質困擾，進而罹患恐慌症的人，童年都經歷過被否定。這些人多半都經歷過早與母親分離，或是被提出各種要求、有強迫症的母親撫養長大。

孩子會通過母親持續不斷地要求、期待、嘮叨、寵愛、差別、置之不理或放任來感受她的真心。哪怕母親假裝表現出為自己犧牲的樣子，孩子也能察覺到母親的真心。

承認受到否定的痛和否定他人的心

比起接受母親否定自己的事實，更困難的事情是如實講出自己童年遭到否定的經過，以及無法輕易接受自己對孩子的厭惡和被否定的感受。

但如果真心希望恢復關係的話，比起偽裝自己的內心，勇敢承認才是最好的方法。抽出內心深處的否定、憤怒、憎惡和厭惡，開誠布公地講出來，並且接受這一切才是恢復關係的出發點。

只有直視內心深處因受到母親否定而受到的傷害，「反覆強迫」才會消失，才能夠阻止把受傷的內在小孩傳給下一代。

8

家人之間的不安

世上最不幸的繼承

讓人透不過氣的母親，冷酷無情的女兒

恩英（二十七歲）和恩熙（二十四歲）姐妹抱怨說，一看到母親就會覺得透不過氣，不知道為什麼每次跟母親交談時都會很壓抑、很生氣，不知道問題出在哪裡。

恩英和恩希的母親不顧婆家的反對跟丈夫硬是辦了婚禮，就這樣她成為婆家不順眼的媳婦，一輩子都如坐針氈似地生活。為了不讓婆家人挑毛病，三十年來她一直處在戰戰兢兢的狀態下，最後因此患上了慢性不安症。這種婆媳間的矛盾在不久前婆婆去世後

才得以畫上休止符。

母親把自己的不安投射在兩個女兒身上，為了緩解自己的不安，她嚴厲管教兩個女兒，凡事如果無法令她滿意便會嘮叨不停。即便是再微不足道的小事，如果不按照她的意思去做也會無事生非。兩個女兒就是在這種令人窒息的環境下長大，即使是成年後，也沒有減少她們母女之間的摩擦。

母親常常會向兩個女兒抱怨自己不幸的命運，認為自己在婆家生活已經夠辛苦了，但女兒卻不懂得體諒她。恩英和恩熙明白母親的苦楚，但她們無法忍受任何事都要順從母親的旨意，這讓姐妹倆快要窒息了。

站在母親的立場來看，兩個女兒過於固執己見。她還抱怨女兒自私、薄情，非但不理解自己，還總是對自己不滿意。這讓她對兩個女兒很失望，覺得自己很委屈。

事態發展到這種地步，母親和兩個女兒似乎變成了仇敵般的關係。母親想要更嚴厲管教反抗和違背自己意願的女兒，而此時此刻女兒則站在分岔路上——要完全服從母親，或乾脆斬斷母女關係。

問題出在過分緊密的關係上

針對人們不安的程度，以及與家人的關係，美國家庭治療師莫瑞・包溫（Murray Bowen）這樣說道：「雖然不安與一個人的體質和性格有關，但也會因家庭關係而更嚴重。如果當事人與家人的感情過於密切的話，也會加重不安的程度。」

比如，長期受慢性不安所困的母親會希望孩子分享自己的不安。因此孩子會成長為總是對母親的精神狀態和要求過度敏感的人，並且扮演起緩解母親不安的角色。

但遲早有一天孩子會覺得這一切過於荒唐無稽。這時，孩子會身處進退兩難的困境。自己是應該認可母親的不安、滿足她的要求呢？還是應該說服她這樣提出要求是錯誤的呢？

若想與長期患有慢性不安的母親建立起感情上的紐帶，那麼孩子也必須擁有相同程度的不安。這樣一來，孩子最終也變得跟母親一樣，慢性不安就這樣傳給了下一代。

在這種情況下，如果孩子試圖說服母親的話，母親反而會感受到更嚴重的不安，然後加強控制孩子的程度。這種類型的母親會在孩子試圖擺脫控制，嘗試獨立的時候產生巨大的壓力。她會把當下自己感受到的壓力怪罪在孩子身上，而不會去思考這種壓力來自自己的內在小孩。

當母親與孩子的矛盾變成日常生活中的一部分，且長期處在緊張的狀態下的話，身體也會出現問題。但問題是，母親又會把身體出現的問題統統怪罪給孩子，讓孩子充滿「這都是因為你」的內疚感。最終孩子會選擇舉白旗投降，再不然乾脆選擇離開。

從前面提到的案例不難看出，恩英和恩熙的母親一直循環著同種模式。首先，她會把自己的想法告訴女兒。然後，孩子如果不按照自己的要求行動的話，她便會生氣、嘮叨不停。接下來，如果孩子仍然無動於衷的話，她便會開始訴苦、斥責孩子，誘發她們的內疚感。最後，得不到自己滿意的結果時，乾脆頭上綁一條白布臥床不起了。

如果情況發展到這種地步的話，兩個女兒只能宣布投降，最終按照母親的意思得出結論。

家人之間也應該遵守界線

並不是特定的事件或行為會傷害人，在人與人的關係中存在著一條我們肉眼看不見的「界線」，這條界線也會使人受傷，而且還會製造出更深、更痛的傷痕。因為很難用言語說明這種看不見、卻總是能感受到的情況。沒有顯示在外表的痛苦，很難讓人意識到傷口的存在，因此才會發展成更嚴重的傷口。

父母與孩子的關係是各自獨立的個體，兩者之間需要一定的界線，而且彼此應該互相尊重這條界線。

但是在複雜的感情關係中這條界線會變得模糊不清。**如果父母不承認孩子存在這條界線，便會將自己未經過濾的感情直接傳達給孩子。**孩子如果拒絕的話，父母便會不擇手段地越過界線把孩子變成跟自己一樣的狀態。

這麼說來，這樣的父母就不愛自己的孩子了嗎？

當然不是。**這樣的父母發自真心的愛著他們的孩子，而且愛的程度要比其他人更誇**

張。**父母讓孩子不安，不是因為不愛孩子，而是對彼此之間的關係不安。**關係不穩定時，會出現不安。這時父母和孩子會互相擔心、惦記對方，同時也會心存厭惡的生活下去。

在恢復關係中可以改善關係導致的不安，為了將不穩定的關係變得穩定，首先必須在彼此的關係中畫下一條界線，將父母與孩子的感情分離，確保各自獨立的狀態。即使是家人的關係，彼此也應該遵守這條「界線」，這樣才能不被生活中不斷出現的矛盾和緊張狀態所影響。

9

母愛中毒

愛也會成為毒藥

沒有了母親，便什麼事都不會做的孩子

患有強迫症和酒精中毒的惠珍（三十二歲）剛一坐下來，便道出了憋在心中已久的苦衷。

「我都這麼大了，可到現在都不知道自己是誰，也不知道自己真正想做什麼。」

惠珍從小凡事都聽從母親的安排，從穿著、出路、交友，甚至連從學校回家的路線都是母親安排好的。她們母女的關係就好比母親是「腦袋」，女兒是「身體」，身體一

直聽從腦袋的指示。高三的時候，惠珍報考了母親指定的大學，畢業後選擇的職場也是母親希望她去的公司。

但幾年前，惠珍的母親突然離世了。從沒自己決定、做過選擇的惠珍陷入了沒有母親、凡事必須一個人做決定的情況，這讓她十分混亂。早已習慣了按照母親要求生活的她，彷彿被丟棄在無邊無際的原野上。為了擺脫這種不安，惠珍掉進了強迫症和酒精中毒的深淵。

長期以來只為滿足母親的要求，從未自己做決定的惠珍無法對自己產生信賴。要對自己產生信賴，自己就必須在選擇和決定上獲得成功的經驗。但從未體驗過的她很難想像憑藉自己的力量可以做什麼。

惠珍眼下的處境就是母親想要的結果嗎？肯定不是，母親也只是想好好保護和培養自己的孩子。但就結果而言，女兒成了無法自食其力的人。

聽話的孩子就是健康的孩子嗎？

有時父母過度的愛會成為孩子的毒藥，因為這會奪走孩子形成獨立意識的機會。父母凡事都要介入、控制孩子的話，孩子雖然會不高興，但也無法離開父母，然後陷入有心反抗，但卻只能接受的處境。因為只有這樣，才能隨時依賴父母。換而言之，父母與孩子建立了一種矛盾的關係。馬茲指出，由於母親過度的愛導致的「母愛中毒」是母子之間「最大的悲劇」。這樣的母親只認為自己是愛孩子的，所以無法認知這樣的愛會成為孩子巨大的痛苦。

痛苦的根源並非來自父母的愛。問題出在父母給予的愛，並不是孩子所期盼的愛。母親過度為孩子犧牲和努力，反而會造成孩子的痛苦。正因如此，彼此才無法理解對方，讓大家都不幸福。

如果母親是母愛中毒的話，孩子會出現的最大的問題是：難以發展自己的本質特點、凡事被動的依賴父母；不知道自己現在想要什麼，為了充實自我應該學習什麼。這樣的孩子會成長為只在意滿足他人的要求、凡事忍耐、察言觀色的大人。

這樣的成年人表面上看屬於非常順從、善良的性格，但事實上由於父母過度的干涉和控制，導致他們絲毫無法察覺到內心的憤怒和怨恨。這就是依賴性孩子的本貌。

只有身體長大，卻什麼都不會的孩子

身為健康的成年人若想順利適應社會生活，就需要在與他人建立關係的過程中，展現表達自己主張和觀察事物的能力。表達主張的能力是人際關係中最重要的技術，也是擁有健康、幸福人生的前提。社會生活中還需要說服他人的能力、喚起他人理解的能力、提出要求的能力等。童年時，與父母的關係中最容易培養的就是「表達主張」的能力。

但是，對於母愛中毒的母親來講，會剝奪孩子學習表達自己主張的機會。

身為成年人的惠珍在成長的過程中，沒有學會發表自我主見的技巧。因為母親替她做了所有的決定，所以她才會在長大後的人生裡遇到這種巨大的危機。惠珍只有身體長大了，但其實心裡住著一個孤獨、不知所措的內在小孩。

自我主張不僅意味表達自我意見的能力，也代表了在人際關係中劃清與他人界線的能力。換句話說，就是從他人的要求和期盼中劃分出自己，並且保護和防禦自己。不會保護自己的人會成為他人眼中好欺負的對象，墮落成弱肉強食中的弱者。與童年不同的是，成年人的世界不能只靠察言觀色來解決問題。

是愛？還是濫用職權？

馬茲認為，患有母愛中毒的母親最主要的特徵之一，是只有當孩子按照自己的要求採取行動時，才會給予孩子愛。孩子為了獲得母親的照料與愛會努力不辜負她的期待，但孩子不可能知道這種行為會阻礙自己成長和發展。孩子知道父母為自己做出犧牲，所以不敢埋怨他們。

這樣長大的孩子即使成家立業以後，比起過上自己想要的生活，更在乎的依舊是如何滿足父母的期待。

母愛中毒的母親會干涉和控制孩子瑣碎的日常生活，孩子的穿著打扮到髮型無一不反應出母親的想法。母親侵犯了孩子的私生活，不允許他們有任何自己的祕密。表面上看起來很寵愛孩子，但事實上並不是這樣，那些看似為了孩子而付出的努力，其實都是母親為了滿足自己的欲望。

這對依賴父母的孩子來講是很嚴重的濫用職權行為。奧地利的心理學家路易斯・舒承霍弗（Louis Schutzenhofer）指出，父母若想持久、均衡地對孩子行使權利，則需要責任感和自我克制。

在過度為孩子獻身，按照自己的想法控制孩子的關係中還存在著一個本質性的問題：**把孩子當成了伴侶的替代品，又或者是把孩子看作童年沒有充分得到愛的自己的分身**。惠珍的母親給予了她無私的愛，但這也有可能是為了彌補過去沒有得到愛的自己。

父母的欲望與孩子的欲望不同

孩子從青春期到成人，以及成家立業後成為父母的過程，母愛中毒如字意一樣會對孩子起到毒藥般的作用。對於那些早已習慣依賴父母的孩子來講，長大成人後要脫離父母則成為一項非常艱難的任務。

加上**這樣的父母不會用正面的態度來接受試圖脫離自己的孩子，他們甚至會感受到「威脅」。所以才會怨恨、妨礙，甚至是威脅想要獨立的孩子。面對父母的這種反應，孩子會內疚、不安，甚至陷入無力感的狀態。**

在這種情況下，孩子只有兩條路可以選擇，一是像幼年時一樣繼續依賴父母，二是乾脆斷絕這種關係。但這兩種選擇都存在嚴重的副作用，前者需要放棄成為真正的大人的機會，後者則會感受到罪惡感、羞恥心或患上慢性不安。

為了解決以上的問題，父母與孩子會經歷一場決鬥般的較量，這是尋找恰當的妥協點的一個過程。孩子因經驗不足，很難預測未來的事，很有可能做出愚昧的判斷。守在一旁的父母自然會擔心孩子受到傷害和浪費時間。

但如果父母假借為了孩子之名，凡事都要求孩子聽從自己的判斷的話，那麼孩子即使長大以後，也沒有能力做好自己分內的事，永遠就只是一個孩子。

相反地，當父母指出一個方向，孩子拒絕或者提出修正時，不管結果成敗與否，孩子都會從中收穫經驗，只有這樣才能獨立。說服他人、喚起他人的理解和提出要求的能力，這些表達自己的技巧都是來自於這樣的過程。

第 3 部

受傷的小孩
召喚受傷的小孩

自我並不是由一生獲得的成果組成，

而是由眾人的經驗、自我意識、

生物學和科學的遺產帶來的成果。

我們都是某個人的兒子或女兒，

都是歸屬於家庭中的一分子。

1

內在小孩的自責方法

出賣自己靈魂的孩子

我活該遭人討厭

諮商室裡經常會看到兩種類型的人，一種是無法與他人相處、只能獨自生活的人；另一種是選錯了伴侶，一直過著痛苦的婚後生活。這兩種類型的人都存在著一個重要的共同點：出生時，都是不受歡迎的孩子。

遭到父母否定的孩子內心深處會留下一道深深的傷口，這道傷口將會持續影響他們的一生。

馬茲認為那些令人反感的人，童年都遭遇過否定，在他們內心深處存在不受歡迎的記憶。那些令人憤怒、反感，甚至避而遠之的人，其實從剛出生就是遭到父母否定的孩子。遭到否定的傷口正是把他們塑造成畸形、不正常人的根源。

上班族秀賢（三十二歲）來到諮商室，向我傾吐了自己在公司遇到的人際關係問題。秀賢覺得公司的同事都不喜歡她，平日裡大家對她還算友好，但每當工作出錯時，大家便會聚在一起說三道四。一般情況下，秀賢都能忍下來，不過當她感受到大家的責難和目中無人的態度時便會大發雷霆。這種情況就算是換了職場也還是頻繁出現，所以秀賢意識到了問題。

「或許我就是一個應該遭受這種待遇的人吧。」

秀賢存在著很嚴重的自我厭惡。如果她感受到別人輕視自己，就會立刻暴跳如雷。

我在幾次諮商過程中得知，秀賢的母親是一位八〇年代從大學校園中走出社會的新女性，周圍人的期待自然都集中在她身上。但突如其來的懷孕和隨後的結婚，導致母親不得不辭去工作。在秀賢的記憶裡，母親總是很冷漠，讓人無法靠近。

很多到我這裡來的女性諮商者的苦惱，從表面上看原因各不相同，但其實問題的根源都來自於自己的母親。

童年的秀賢非但沒有得到母親的關愛，還時常對她發脾氣。每當母親對自己不滿意時，秀賢都會心跳加快。母親總是習慣碎碎念：「你知道我為了你犧牲多少嗎？」為了獲得母親的認可，秀賢付出很多努力。

秀賢在公司努力做事，但與其說她是為了獲得公司的認可，倒不如說是為了生存。為了不暴露自己的缺陷，秀賢凡事都採取被動的做事態度。因此，同事很難對她產生好感、親近她。她默默無聞地做事，從不參與集體聚會，也不加入大家的聊天。在同事眼裡，秀賢就是一個「讓人無法理解的人」。

這不是你的錯

遭到父母否定的孩子中很多人都會把問題怪罪在自己身上，甚至一輩子背負起這個包袱。孩子會覺得「我就是這樣的人」，然後把責任都攬在自己身上。最不幸的是，這樣的孩子會一直懷疑自己存在的價值。

令人諷刺的是，這些孩子為了擺脫童年遭到父母否定的事實，在現在的人生裡會把自己視為毫無價值的人，因為面對現在的自己比追憶過去更容易。這樣的人做出令人反感的舉動時，也會認為「我活該被人討厭」，然後將自我厭惡變得合理化。

另外，在很多並非父母意願下出生的孩子中，大部分的孩子都受困於嚴重的罪惡感，他們會自責「我是父母不小心生下來的小孩」——

因為自己是女孩，所以母親沒能誕下男孩；

因為自己出生，所以家裡生活更苦了；

因為自己，所以母親不得不辭去工作；

因為自己剛出生沒多久，所以父親拋棄家庭在外面偷吃；

因為要養育自己，所以讓父母受苦受累；

因為自己，父親才會行使暴力、酒精中毒⋯⋯。

孩子會無意識地把所有的責任怪罪在自己身上。不受歡迎的孩子從出生起便把父母的包袱攬在了自己的身上，因為他們覺得比起把責任推卸給父母，不如怪罪給自己更輕鬆。

孩子背負起所有的責任，並將發生在自己身上的所有事合理化。這種行為會啟動孩子內心破壞性的程序，嚴重損傷他們的自尊感。

自己決定自己的價值

這種類型的人還存在另一種特徵，他們在成長的過程中會認為自己也要對父母的感情負責。過去必須討冷漠的母親開心的秀賢，如今在職場也是一樣，為了不暴露自己的缺點一直採取著被動的做事態度。童年的她便悟出了只有順從母親的要求，才能減少母親嘮叨的次數。

這種類型的人的困擾並非只來自過去遭到父母否定的回憶，真正困擾他們的是，由於過去發生的事導致損傷了自尊感。內心存在「受傷的內在小孩」的人，會因為消極的自我認知和過低的自尊感無法客觀看待自己。

馬茲把這種自尊感低、輕視自己、只顧滿足他人欲望的孩子稱之為「出賣靈魂的孩子」。這樣的孩子習慣偽裝自己，順從父母和周圍的人，按照別人制定的原則和方式生活，進而丟失自己原有的生機與活力。

年幼無知的孩子更容易適應他人要求的生活方式，因此這樣長大的孩子會更在意他人的欲求和感受，同時還會輕易放棄自己想要的一切。這樣的人會比其他人更容易、更迅速獲得成功。但其中很多人會因為過度追求名利，而變得自私與傲慢。假若這樣的人成為一個組織的負責人，或是進入社會的領導層，將會帶來極大的危險。因為破壞社會的行為都是源於人們內心深處一直遭到忽略和排斥的部分。

重拾自尊感是一個漫長且艱巨的過程。單方面的斥責、詆毀自己絕對無法踏上治癒之路，我們必須意識到忍受現實，長期貶低、詆毀自己的生存方式已經到了極限。

人生最大的痛苦並非來自他人，而是認為自己毫無價值。遭到自己的否定要比被全

世界否定更痛苦。即使全世界拋棄了自己，我們也不能放棄自己。只有這樣，才能看到希望。

2

兄弟關係中的內在小孩

人類史上首例殺人事件

兄長的光環或陰影

有一對兄弟曾經就讀於同一所國中和高中。弟弟上國中的時候，哥哥就以全校第一名的優等生身分在學校出名了。而弟弟剛入學就沾哥哥的光在學校也出名了。

「哇！他就是的○○的弟弟吧！」

老師和同學都把哥哥看成了「傳奇性人物」，所以也都期待著弟弟能有哥哥一樣的能力。但不管弟弟怎麼努力都達不到哥哥一半的水準，不光是功課，就連學業態度和領導能力等都沒有一樣嶄露頭角。弟弟的成績雖然不及哥哥，但也沒有掉在班級的後面。不管在家還是在學校，弟弟總是成為哥哥陰影下的比較對象。

就這樣，弟弟在「不如哥哥」自卑陰影下，過早接受了人生不公平的事實。

雖然弟弟也嘗試過尋找自己其他的特長，但不要說超越哥哥了，就連趕上哥哥都很難。每瞬間感受到的自卑感促使弟弟選擇了與哥哥不一樣的人生。弟弟變成了一個經常製造麻煩、惹事生非的孩子。不管自己再怎麼努力也追趕不上各個方面都很優秀的哥哥，但在闖禍這方面自己卻領先了哥哥。弟弟心想，既然得不到大家的關心，那就闖出禍端引人注目吧。

就這樣哥哥在大家的心裡奠定了全方位優秀的好學生形象，弟弟則被貼上了動不動就闖禍的問題少年標籤。兄弟二人變成了如同水火般不相容的性格，他們長大後的人生也出現了兩個極端。

為了得到一個荷包蛋的生存方法

公司同事都把東賢（三十八歲）視為「討厭鬼」。為了獲得自己想要的一切，東賢不擇手段，同事看到這樣的他都會張口結舌。東賢總是能在第一時間觀察出誰在組織裡最有權有勢，然後想盡一切辦法拉攏那個人，建立起牢固的人際關係。這樣一來，他就能在第一時間拿到別人都不知道的重要消息了。起初東賢在公司並沒有受到大家的矚目，但不知從何時起他一躍成為了公司的核心人物。

同事們都覺得很難與東賢相處，只要他主動接觸誰，同事便會起疑「他是想從我身上得到什麼吧？」表面上看東賢的職場生活一帆風順，但其實他跟大家相處得並不融洽。

東賢講述了一個國小時關於荷包蛋的故事。家裡因為哥哥是長子，所以便當裡總是會有荷包蛋。功課好又很可愛的妹妹因為是老么，所以便當裡也會有荷包蛋。但不管自己怎麼等待，卻始終看不到便當裡有荷包蛋。即使在當時雞蛋已經不是稀有珍貴的食材了。

某一天，東賢下定決心「我一定要讓自己的便當裡也有荷包蛋。」為此他開始努力討好家裡最有權威的父親。東賢回憶說：

「就這樣，從某一天開始我的便當裡也有了荷包蛋。」

從那以後，東賢摸索出了自己的生存戰略和方法。為了不在兄弟姐妹的競爭中落後其他人，他選擇了拉攏最有權威的父親。如今東賢把這種戰略也用在了社會生活中。

兄弟姐妹的關係，會對成人後步入社會的人際關係起到極大的影響。即使舞臺從家庭變成了社會，但兄弟姐妹間的感情和當年為人處事的方法還是會保留下來。

父母的偏愛和差別待遇導致的結果

據《聖經》中的〈創世紀〉記載，人類史上首例殺人事件起因於兄弟間的嫉妒。身為哥哥的該隱因嫉妒弟弟亞伯，一怒之下殺害了弟弟。〈創世紀〉中還描述到雅各的兒子們因嫉妒獨占父愛的弟弟約瑟，一起涉謀加害於他。父親對約瑟無微不至的愛，成了其他兒子們痛苦的傷疤，這種結果最終導致哥哥們聚集在一起合謀試圖殺害弟弟。

就算是有血緣關係的兄弟，假若有一方獨占了父母的愛，那麼他們之間早晚會出現深深的裂痕。有的父母無法給予孩子充分的愛，或是以自己的標準偏愛、差別對待孩子，即使這不是父母故意為之，但最終還是扮演了挑撥離間的角色。父母看到孩子之間出現問題時會嘆息不已，但他們並不知道製造問題的原因是自己。

在一個家庭中子女的才能和喜好是各不相同的，有功課好的孩子，自然就有功課差的孩子；有才華橫溢的孩子，自然也有平庸的孩子。正因為這樣，父母給予孩子的愛才會存在差異。即使父母不這樣認為，但聽話的孩子還是會得到更多表揚，而沒有得到表揚的孩子則會覺得沒有獲得父母的愛。

如果孩子認為父母的愛是根據自己的能力存在差異的話，那麼他們之間便會因為優越感和自卑感引發嚴重的嫉妒和競爭心理。這就是造成兄弟姐妹之間矛盾的根源。

兄弟姐妹之間的關係與跟父母建立起的關係不同。最初孩子會與父母建立依附關係，孩子會通過這種關係培養自尊感和愛的能力。兄弟姐妹之間的關係則扮演著培養社會生活中所需的各種能力的角色。孩子會通過與兄弟姐妹建立起的關係去體驗矛盾、競爭、嫉妒、友情、同盟、優越感和自卑感等複雜的感情。

是競爭？還是成為夥伴？

為什麼我們家的兄弟姐妹不能和睦相處呢？不要說互相幫助、扶持了，為什麼每個人都像要吃掉對方似的互相攻擊、展開競爭呢？兄弟姐妹之間的敵視情緒是一個家庭持續處在緊張、矛盾狀態下的原因。正因為這樣，大家才無法從家庭中獲得安慰。

《運勢決定人生》的作者西中務認為，造成一個家庭最大不幸的原因是來自兄弟姐妹之間的遺產紛爭。在這場紛爭裡，有人會依法提起訴訟，但最終的結果只會給家庭留下創傷和怨恨，家人的關係也會因此面臨崩潰。遺產紛爭的官司結束後，也會重新整理彼此的關係，一家人乾脆將血緣關係一刀兩斷，各自謀生。雖然彼此留著父母的血，但卻成了比陌生人還要陌生的關係。

兄弟姐妹之間存在的傷痛背後隱藏著永無止境的競爭。事實上，在這種關係裡的競爭和嫉妒都是為了生存而做出的掙扎。如果父母不能給予孩子均等、充分的愛與照料，那麼孩子將會為了爭奪少有的愛而互相展開競爭。孩子為了生存，必須爭取到更多的愛。

父母即使無法給予孩子充分的愛，但如果給予的愛是公平的話，孩子之間便會自然而然互相依賴和幫助。假若有的孩子感受到父母的愛只集中在一個人身上，或是認為自己無法得到父母的關心的話，便會產生委屈和被害意識。當孩子在家庭裡覺得自己受到排斥和孤獨時，便會認為自己是不屬於「這一群體」的人。每當看到家人幸福的樣子時，都會受到傷害。

即使是長大成人後不再需要父母的愛了，這種關係也會持續下去。「我沒有資格獲得愛」的想法會降低自尊感，持續受到負面情緒的困擾。

身為父母，給予每個孩子平等的愛雖不是一件容易的事，但父母必須認知到得到平等的愛長大的孩子比起嫉妒他人的成功，更容易學會互相扶持和幫助。縱然可以把兄弟姐妹看成競爭者，但也可以視為一起成長的夥伴。在長幼有序的關係中難免會發生令自己覺得委屈的情況，但即使是這樣，兄弟姐妹都是世上最難得的、屈指可數的、最了解自己的夥伴。

正因為這樣，我們才不能將兄弟姐妹之間的反目成仇單純地怪罪在個人的欲望和私心上，而是應該回顧童年的生活環境，追憶父母給予大家的愛是否充分和平等。如同植物在養分和陽光不夠充分的環境下為了生存而會互相競爭一樣，兄弟姐妹之間也是如此。唯有這樣思考，才能找出問題真正的原因。

3

推卸自己責任的投射

最殘酷的戰場「人際關係」

大家真的都討厭你嗎？

長期受憂鬱症和躁鬱症困擾的秀敏（三十二歲）坦白告訴我，最近自己嘗試過自殺。步入社會後，秀敏無法長時間在一個職場工作，由於經常換工作適應新環境，她已經精疲力盡。坐在諮商室裡的秀敏哽咽地說：

「為什麼大家都討厭我呢？可我連理由都不知道。我真的太委屈了，再也不想活下去了。」

秀敏是三個兄弟姐妹中的老么，小時候雙親忙於工作沒能好好照顧她，但奶奶唯獨對她寵愛有加。童年的秀敏是一個充滿朝氣和自信的孩子，但問題出在奶奶去世以後。

三個兄弟姐妹中，奶奶最不喜歡大姐。奶奶去世後，大姐便成了家裡的「老大」。一直以來大姐都對奶奶偏愛秀敏不滿，自從奶奶去世後，她便開始拿秀敏出氣。大姐不光用粗魯的髒話罵秀敏，甚至還對她拳打腳踢，有時秀敏臉上還會帶著傷去上學。

我整理了一下秀敏工作以來不斷辭職的原因，發現了其中存在一個共同點。秀敏並不是和公司裡的所有人都相處不好，她跟男同事相處得很融洽，下班後還能和同齡或是比自己小的男同事私下接觸。秀敏的問題主要出在女前輩和女主管身上。

「奇怪的是，我看到她們就會不自覺地僵住。」

對前輩女性不自在的秀敏為了避免發生矛盾，總是採取被動、迴避的態度。但她愈是這樣，愈是會引起更大的誤會。

當秀敏意識到並不是與所有人都存在人際關係上的問題，而是只與大姐年齡段的女性存在問題時，不禁大吃一驚。長期以來秀敏都執著於「為什麼所有人都討厭我？」，她並沒有意識到來自大姐的恐懼、憤怒、委屈和無力感製造出了現在的第二、第三個大姐。

為了掩飾自己的缺陷而怪罪他人

為了參加演講，我造訪過澳洲雪梨的一所大學。一個星期的行程中空出一天休息，於是我搭乘雪梨市區的觀光巴士參觀了雪梨歌劇院、海德公園、水族館和港灣大橋。觀光巴士停在每個景點的時候，導遊都會進行詳細的解說，其中讓我覺得最有趣的是關於澳洲建國的故事。

澳洲的移民史始於大約兩百年前英國遣送罪犯到雪梨做強迫勞動開始，因為大部分的罪犯都是輕罪，所以通過一段時期的勞役就能重新獲得自由。但獲得自由的人卻屈指可數，因為警察會利用繁瑣的規章制度延長罪犯的勞役時間。那些遭到強制遣送來的人中包括了因肚子餓偷麵包吃的少年。現在澳洲人口中約百分之二十都是這些人的後裔。

當時的英國是一個超級大國，政府依照清教徒式的道德標準治理著國家。但矛盾的是，這個大英帝國卻用非道德的標準治理著本國和殖民地的勞動者。不管任何理由，只要是觸犯了法律就必須永久遠驅逐出英國社會。

事實上，這就等於是英國版的三清教育❷。那些強制遣送到澳洲的移民者，可以說是當時大英帝國「投射」出的犧牲品。正如韓國的一句俗語「烏鴉笑豬黑」，那些英國人看不到自身的缺陷，只顧把自己的問題推卸給別人。這種心理現象正是「投射作用」。

❷三清教育，全斗煥發動軍事政變掌握政權後，提出一掃社會上無賴漢的口號，發動軍人強行逮捕平民百姓進行所謂的社會教育。很多人因此受到精神和肉體的虐待，大批良民慘死或精神出現異常。

「投射」出的海市蜃樓

我們是由「關係」組成人生。正因為這樣，如果關係出現緊張和矛盾的話，我們的日常生活也會帶來極大的痛苦。回首往事，我們經歷的重重苦難其實多半都是來自於「複雜的人際關係」。在如同蜘蛛網一般的複雜人際關係中，「投射」發揮著強烈的影響力。

我們在建立關係時，會無意識地在投射出的海市蜃樓中審視對方。很遺憾的是，我們的大腦並不是人工智慧，因此我們會用局部來判斷整體。也就是說，我們不會如實地接受對方，而是只觀察自己想看到的某一部分。在人際關係中發生的相互作用和不和諧，多半來自於蒙上的一層彩色感情、期待和成見。

發生矛盾的兩個人之間，除了各自掌握的客觀因素以外，其實還存在著內部因素。換而言之，如果特別討厭某人，原因可能並非只在對方身上，也有可能是自己內在的問題。

「投射」影響所有人際關係

佛洛伊德將這種不肯擔負責任，只顧推卸責任的行為稱之為投射的防禦體制。

他認為**一對夫妻在上床睡覺以前，臥室裡其實存在著六個人。夫妻之間發生矛盾，並不是兩個人的問題。夫妻二人不只揹負著各自父母的期待，還揹負著上一代人的感情包袱**。上一代人對於生活的擔憂、缺失感、失敗的恐懼、自我懷疑和憂鬱等未解決的問題都將會困擾這對夫妻。

發生激烈爭吵的兩個人會想要說服對方，在這場爭吵中比起客觀的內容，無意識的想法反而起了更大的作用。即，我們在人際關係中最常犯的失誤就是，置身在投射出的海市蜃樓中看待對方。這意味著，自己的無意識已經滲透在了彼此的關係裡。

投射會發生在無意識的狀態下。榮格指出，一個人如果不能將內心發生的事從無意識的領域轉換到意識的領域，那麼它便會以投射的形態展現出來。

換句話說，所有無意識的想法和感受都是受到壓抑，或是投射出來的。這是投射的核心，絕非人們刻意為之。這種人類最具代表性的心理投射現象，在人們的行動中隨處可見，沒有人可以避免發生這種現象。

世界上都是從投射開始所有關係，特別是在親密的關係裡更是如此。我們在親密的關係裡容易對愛人抱有更多的期待，如此一來看待對方的視線和採取的行動就會發生變化。這會導致失望更大，更會使彼此之間的矛盾像纏住的線團難以解開。

最強烈的投射會出現在男女關係上。男女初次見面時，會被對方吸引的理由來自於自己無意識中保留的父母形象。這種形象會投射在對方身上，如果能遇到接受投射的人，那麼雙方便能夠步入婚姻的殿堂。很多人都不知道自己無意識中保留的父母形象會起到這樣的作用，因為在形成意識能力以前，大腦就已經對此編程了。

認知投射時，才是成長的開始

有什麼方法可以解決人際關係帶來的痛苦呢？解決問題的出發點是「意識到問

題」。只有當我們認識到「這是投射」的瞬間，才算身處解決問題的過程，進而控制無意識下發生的投射。

當秀敏意識到自己無意識下發生「投射」的事實後，才理解了過去發生的事。剛來諮商室時，秀敏認為「所有人都討厭自己」。但等到她面對童年遭受大姐虐待的內在小孩以後，這才恍然大悟是什麼原因令自己如此痛苦。

當現在的秀敏伸手去安撫過去遭受大姐虐待的自己時，充斥著內心的憤怒和委屈這才漸漸平息了下來。秀敏說，意識到「大家並沒有討厭我」以後，才安心了。

與大姐年齡相仿的女同事並沒有討厭秀敏，而是「第二個大姐會不會討厭我」的想法令她恐懼，進而迴避她們。但她的這種態度卻造成了反效果。

當然，意識到問題並不能徹底擺脫投射。但當再次出現同樣的狀況時，如果自己能夠自覺意識到這是投射的話，便可以減少痛苦。反覆經歷這樣的過程後，我們才能建立起羨慕已久的「健康的關係」。

隱藏在人際關係中的陷阱

離不開母親的真正原因

最近善靜（三十五歲）因為和母親的關係出現了問題，所以來我這裡諮商。

「平時我跟母親相處得很好，好到周圍的人都羨慕母親說希望能有一個像我這樣的女兒。但最近我發現自己總對母親大喊大叫、惡言傷害。真不知道自己是怎麼了。」

善靜的父母從她讀書的時候開始分居，期間和好、分居不知反覆了多少次，不久前最終辦理了離婚手續。哥哥已經結婚自立了門戶，尚未嫁人的善靜跟母親兩個人相依為命。善靜告訴我，平日跟母親相處得和樂融融，可不知從何時開始自己時不時的會對母親提高嗓門，還會說一些不得體的話。

善靜從事專業性行業，人長得斯文漂亮，很多男生都對她表示有好感。但善靜卻說自己沒有結婚的打算。

「如果我結婚，那就只剩下母親一個人孤苦零丁過日子了。那樣的話，母親只會更孤獨，更不幸。我必須守在她身邊，這輩子都不能離開她。」

善靜既有才華又很有魅力，但她卻無法過上自己想要的人生。她之所以無法離開母親，原因就在這裡。

善靜一直都是母親的驕傲，她從小沒闖過一次禍，功課也一直很優秀。長期因婚姻問題備受煎熬的母親因為善靜得到安慰。善靜想要安慰母親，就必須守在她身邊，所以善靜從小習慣觀察母親的神情和情緒。

歲月流逝，儘管她已長大成人，但所有的精力還是集中在母親身上，就像總是朝著一個方向看的稻草人一樣。就這樣，當憤怒和委屈到了忍無可忍的極限時，善靜便開始對母親大喊大叫。其實，這才是善靜「真實的感情」。

善靜的內心深處隱藏著想要離開母親的欲望，她很想像哥哥一樣，結婚、擁有屬於自己的家庭。善靜表面上表現得「很為母親」著想，但內心卻吶喊著「這都是因為你啊！」，兩者之間產生的背離感不知不覺在她的內心深處積攢下了不滿。

善靜的問題在於從小到大都在努力滿足母親的欲望，而當到了要為自己而活的時候，卻不知道自己是誰、什麼才是自己想要的生活了。讓善靜如此痛苦的原因正是「母親情結」。

雖然愛他，但並不愛他的人生

大學生正宇（二十一歲）因不知緣由的無力感、缺失自信來到諮商室，他說自己每天活得都很辛苦。坐在諮商室的正宇滔滔不絕講了五十分鐘關於父親的事，比起自己哪裡不舒服，談的都是關於父親的話題。

正宇的父親雖然畢業於名門大學，但卻沒有找過固定的工作，婚後他一直只做自己喜歡做的事。因為這樣，家裡的重擔都落在了母親一個人的身上。看到父親整日遊手好閒地過日子，正宇不禁心疼起了母親，同時也對母親充滿歉意。父親即使很有才華和能力，但卻不務正業，整日無所事事。正宇對這樣的父親充滿憤怒之情。

「我絕對不會像父親那樣生活。我討厭他那樣的生活方式。我很害怕自己會像他一樣。」

其實，正宇在內心深處很愛父親。正因為父親不工作，所以有很多時間陪伴正宇。正宇雖然喜歡和父親在一起，但卻不喜歡父親的人生。

正宇對父親又愛又憤怒，他在這兩種衝突的感情中十分混亂。當正宇抑制對父親的愛憎感情時，才會出現無力感和憂鬱。因此折磨正宇的正是「父親情結」。

情結即心結

相安無事的關係在某一個瞬間出現問題的話，當中一定隱藏陷阱。即使不會受到關係的困擾或出現問題，但只要掉進這個陷阱，情況便會難以控制。這與個人的性格、本質或平時的行動方式毫無關係，只要掉進這個陷阱就會說出連自己也無法理解的話、做出反常的舉動。

然後當身處相同的狀況時，便會自動反射性地出現同樣的行為。此時此刻，不光本人會驚慌，就連周圍的人也會覺得荒唐和費解。

舉兩個例子：A平時開朗、很有禮貌，但在他感受到對方輕視自己的瞬間便會失去理性、大發雷霆；B平時很講道理，也很懂得照顧人，但當遇到跟金錢扯上關係的問題時，便會做出令人難以理解的舉動。

出現這種情況的原因來自「自卑情結」，前面提到的兩個人各自存在著輕視情結和金錢情結。

我們在日常生活中經常使用的「情結」一詞，其實就是指「心結」。這也是心理學用語中意指「受傷的內在小孩」的名稱。雖然出身奧地利的心理治療師、個體心理學派創始人阿爾弗雷德・阿德勒（Alfred Adler）把情結解釋為「自卑感」，但除了自卑感以外，近年來心理學也會把它解釋為各式各樣的心結。

我不會像父母那樣生活

所有人都存在情結，當情結發生反應的時候，每個人都無法按照自己的意識採取行動，都會做出過敏反應。最具代表性的情結就是前面提到的母親情結和父親情結，兩者意指在感情和精神上都依賴著母親或者父親的狀態。

榮格認為兒子會存在父親情結，女兒會存在母親情結。他還提出，那些講出「我不會像父親那樣生活」或是「我不會像母親那樣生活」的孩子都存在著父親或母親情結。

如果孩子存在這種情結的話，便很難與父母分離，自己獨立生活。即使是在成人以後也會覺得離開父母是最糟糕的情況。這樣的孩子在內心深處渴望著分離與獨立，但當無法真正實現時，跟父母的關係便會亮起紅燈。

存在母親情結的兒子會把對於母親的期待和感情轉移到伴侶身上，婚後也維持與母親的關係。存在父親情結的女兒也是如此。

心理學家羅伯・強森（Robert A. Johnson）認為，母親情結會促使孩子下意識地產生想要回到母親子宮的欲求。這會導致孩子放棄自己的能力，甚至拋棄渴望實現某種目標的欲望。

這種存在嚴重的母親或父親情結的人，在婚姻或社會生活中也會反覆經歷矛盾，他們無法真正展示自己的能力與才能，在所有生活層面落後於其他人，受到無力感所困。

你最心疼，最憎恨的人是誰？

人們在婚姻或職場生活中遇到困難，或是在人際關係上出現問題時，不是把責任推

卸給對方，就是覺得這是環境的問題。但其實，真正的敵人隱藏在我們的內心。那要怎麼做，我們才能看到敵人呢？

- 你最擁護誰？
- 你最討厭誰？
- 你最憐惜誰？
- 平時你會攻擊誰？
- 你最怨恨誰？
- 你覺得最糟糕、最害怕的情況是？

試著回答以上幾個問題吧。你會想到誰？眼前會浮現哪種情況？在回答這些問題的過程，將會激活你內心的所有情結，展現出問題的實質。其實，這些問題等於是在問：

「你擁有著針對誰的情結？」

如果對某人存在心結的話，就等於是在內心的最深處隱藏著一個受傷的內在小孩。

不管是什麼問題，如果想要解決它，首先要做的就是承認問題。在自己所經歷的不幸中只顧埋怨周圍的人和環境的話，只會讓情況變得愈來愈糟糕。

正確地表達出問題的實質，如果能明確指出問題的話，便可以解釋明白出現問題的原因。如果可以做到這一點，就等於成功一半了。

對他人的行動「易怒」的原因

深深烙在心底的羞恥心

上班族賢璟（二十八歲）最討厭公司定期進行的演講活動，她對演講充滿恐懼。剛站到大家面前，賢璟就會臉紅，嘴巴一張開耳朵和脖子就會變得通紅，接著全身直冒冷汗，講話的聲音顫抖、結結巴巴。同事看到賢璟如此痛苦，都覺得她很可憐。賢璟為了治療這種演講恐懼症，來到諮商室。

在諮商的過程中，我發現她出現的身體症狀並不只是單純的恐懼症。小時候，賢璟家住在距離巷子偏遠的獨棟住宅。正因為距離巷子遠，所以沒有什麼人經過，一家人都會穿著舒服、隨便的衣服。特別是夏天的時候，大家幾乎都穿著內衣待在家裡。但有一年夏天，突然有一個陌生人不聲不響地推開大門走進院子，只穿著內衣在院子裡玩的賢環嚇了一跳，立刻跑進屋子裡。

從那天以後，如果有人一直盯著她看，賢環就會恐懼，雙頰立刻變得通紅。特別是演講的時候，當所有人的目光都集中在她身上時，身體出現的症狀就會變得愈來愈嚴重。

通過諮商，賢環意識到這是小時候看到陌生人時感受到的羞恥心，並且喚醒了當時的情緒。自己之所以害怕站在眾人面前，是因為當年覺得羞恥跑回屋子的情緒。接下來，賢環發現了自己心裡存在的內在小孩。

當賢環明白了過去的傷口和現在的問題是如何連結在一起以後，驚人的事情發生了。變得容光煥發的賢環再次來到諮商室時告訴我，不久前的演講中自己非但沒有臉紅，講話的聲音也跟往常一樣了。從那天以後，身體再也沒有出現過症狀了。

孩子的行動，令我易怒的時候

水映（三十六歲）小心翼翼地道出了自己與七歲的兒子之間出現的問題。

「看到兒子總是謙讓其他的孩子，我就會變得急躁、易怒。」

水映看到兒子不能在朋友面前發表自己的意見、總是謙讓對方時，心中的怒火就會燃燒。她一看到兒子這樣就會斥責兒子，還命令兒子積極發表自己的意見。但她愈是這樣，兒子愈是畏手畏腳，甚至還不停地觀察媽媽的臉色。看到兒子這樣，水映心裡更難受了。

當父母發現孩子的性格中存在的某一部分，或是做出某種特定的行動時，自己會難過或生氣的話，那肯定不是孩子的問題，而是來自父母內心的問題。

水映在成長的過程中一直忍讓哥哥，因為父母對哥哥的關心和期待高於自己，所以比起公平競爭，父母總是會讓水映無條件禮讓哥哥。長大後，每當水映遇到與哥哥對峙的狀況時，便會無條件反射性退讓。每次遇到這種情況，水映都會覺得既無可奈何又很委屈。

雖然婚後不用再禮讓哥哥了，但她通過兒子看到自己過去最難以承受的一部分。在兒子畏首畏尾的樣子裡，水映看到了一直為哥哥犧牲的自己。這讓她十分難過。兒子的樣子是一個「觸發器（Trigger）」，這讓她喚醒了深深埋在心底的傷口。在那道傷口的背後隱藏著偏愛哥哥的父母、只能一再忍讓哥哥的自己和理所當然接受「一切」的哥哥。

水映仔細回想母親為什麼只偏愛哥哥。水映的外婆因為生了四個女兒，所以被婆婆數落了一輩子。母親在成長的過程中目睹到外婆的遭遇，加上自己背負著女兒身的愧疚感，所以有了哥哥以後，母親便把所有的精力和愛都放在哥哥身上。

水映理解母親偏愛哥哥的理由，進而發現自己的內在小孩，她勇敢面對了內在小孩擁有的委屈、憤怒、愧疚和羞恥。當水映認知到自己的憤怒不是針對兒子，而是針對過去總是忍讓哥哥的自己時，這才漸漸緩解對兒子的不滿。

個人的傷等於是家族的傷

德國小說家赫曼・赫塞（Hermann Hesse）在自傳體小說《荒野之狼》中這樣寫道：「事實上，哪怕是最單純的我也無法看作一個完整的個體。我是一個極其豐富多彩的世界，是一個小宇宙。我是由眾多的形式、步驟、狀態、繼承的遺產和可能性混合在一起的個體。」

自我並不是由個人一生累計的成果組成，它是由眾人的經驗、自我意識、生物學和社會遺產組成的成果。**我們都是某個人的兒子或女兒，都是家庭中的一份子。**

在傳承祖輩和父母的家族史中，存在著積極的一部分，但也會有令人痛心的傷。來自家族的傷痛和處理傷痛的方式會形成現在的自我，因此家族的所有事都會對自我帶來極大的影響。

例如，假設你的叔叔選擇了自殺，那麼全家人都會因為這件事陷入愧疚、羞恥、憤怒和傷心等負面情緒。在接受自己的孩子選擇自行了斷生命的過程中，爺爺和奶奶會受到極大的傷害，他們的餘生會因此一直自責和充滿絕望。

叔叔的家人也會因為失去了一家之主而痛不欲生。其他的親戚看到這種情況，即，你的父母也會受到這件事的影響。如果你的父母持續愧疚和羞恥的話，便會引發憂鬱症等各種心理疾病。這樣一來，自然會影響到在他們身邊成長的你。

悲劇發生以後，整個家族都會陷入自殺的恐懼當中，每個人都會因為不知悲劇何時還會發生而不安。

雖然這給一家人造成了極大的傷痛，但卻沒有人知道它的真相和根源。即使長大成人以後，你也無法以成年人的視角去看待童年經歷的傷痛。也就是說，人們無法看清整體，只能看到局部。

正因為這樣，童年受到的傷並不能單純的只套用在加害者—受害者的公式上。多數情況下，傷痛的背後還包含著超乎我們想像的、更複雜的原因和結果。

找到觸發器的位置

只有當觸碰到受傷的內在小孩時，才會出現現在的症狀。「觸發器」會起到引爆劑的作用，進而加重內在小孩的傷勢。如果我們能知道觸發器的位置，便能找尋到形成內在小孩的線索。

有過受傷經驗的人會本能性的迴避這個刺激傷口的觸發器。前面提到因演講而恐懼的賢璟，正是因為處在「羞愧的狀況」，所以為了避開觸發器才會出現「臉紅的症狀」。

試著找出自己根本無法理解的特定行動、難以應對的狀況，以及討厭的人物的共同點。詳細記錄什麼情況下身體會出現反應，在哪些狀況下、在哪些人的面前會出現反應也是一個好方法。

愈快找出觸發器的位置，就愈能早日發現內在小孩。只有認知到內在小孩的存在時，那些折磨自己的症狀才會逐漸消失。

第 4 部

與過去和解，
療癒你的內在小孩

1

治療方法一，認知「當下」

過去突襲現在的時候

你看到的是誰呢？

在職媽媽宥臻（三十四歲）上班前會送女兒去幼稚園，但每次轉身走出幼稚園的時候，她都會覺得很內疚。

「我是一個自私的媽媽，我對不起孩子。工作的時候我也會擔心孩子，根本無法集中精力辦公。因為總是不安，我一天會打很多次電話給幼稚園。聽別的在職媽媽說，送走孩子後會有一種解放感，可為什麼只有我這麼難受呢？」

在第一次諮商時，宥臻提到國小四年級時發生的事。那天是長年患病的母親住院做手術的日子。

幼小的宥臻因為經歷過幾次與母親的分離，所以那天她又哭又鬧怎麼都不肯讓母親去醫院。母親好不容易安撫好宥臻去了醫院，但手術沒有成功，母親就這樣永遠離開她。母親離開家時的背影成為宥臻記憶中母親最後的樣子。

母親去世後，宥臻堅強地撐了過來，周圍人絲毫沒有察覺到她是一個沒有媽媽的孩子。宥臻自以為克服了當時的痛苦，成年後不但找到工作也組了家庭，還成了一個女兒的母親。

但每次把女兒送到幼稚園轉身離開時，聽到孩子叫喊媽媽不要走的瞬間，自己內心那個沉睡已久的內在小孩就會甦醒過來。女兒只是當下不捨得她走，但一轉身就能和其他的小朋友玩在一起了。儘管如此，宥臻還是難以平復痛苦的心情。宥臻從幼稚園走到地鐵站，一路上一直哭個不停。強忍住眼淚的時候，還會引起嚴重的頭疼。

宥臻搞不清楚自己為什麼會這麼難受。既然女兒已經適應了幼稚園的生活，自己還有什麼理由不放心呢？讓宥臻陷入混亂的不是女兒，而是童年受傷的自己。

存在「受傷的內在小孩」的人難以區分過去和現在。藉由某起事件，他們會把兩個時間放在同一個空間裡，會因此浮現過去未能解決的痛苦情緒，令自己陷入混亂的狀態。對於痛失母親，但堅強撐了過來的宥臻而言，幼稚園門口就是她把過去與現在放在同一個空間的地點。在那裡她親眼看到的是不肯與自己分離的女兒，但在潛意識當中她看到的是過去不肯讓媽媽走的自己。

把焦點對準現在

心理學的出發點是以「我們看到和感受到的一切都不是真實的」為前提。即使是在同一種情況下，但如果看待問題的視角和接受的程度不同的話，也會有截然不同的結果。因此，人通過受傷的內在小孩來看世界，視線會更複雜和混亂。

童年的傷引起的不安、恐懼、無力感、疏離感和畏縮感會將過去和現在混淆在一起，其結果會造成人們在校園或社會與他人建立人際關係時，表現出不必要的畏縮、反抗或是過激的行為，自己給自己製造出不必要的矛盾。

這些問題多半與幼年時期的家庭或是學校生活有關，父母過度嚴格的管教方式會導致無法與孩子建立起親密的依附關係，在這種環境下長大的孩子會在他人身上感受到跟父母一樣的感情。因此當通過他人再次感受到冷漠的父母給予的感情時，便會嘗試把對父母的憤怒和怨恨發洩在他人身上。

像這樣，我們感受到大部分的感情其實都與過去相連。正因如此，我們當下感受到的一切都有可能是自欺欺人的。眼前不是真實的現實，而是我們正在欺騙自己。

過去是一時的現在，是再也不會重演的瞬間。未來是即將成為現在的一瞬，沒有人可以預知未來。很多來諮商的人都無法活在當下，他們執著於過去，並且會對未知的未來充滿擔憂，深受不安和憂鬱症的困擾。

佛洛伊德告誡那些不斷重演過去的人們，要活在「當下」。擁有不幸童年記憶的人們會通過過去來看現在和未來，他們一方面不想再重複過去的不幸，另一方面又很難專

注於現在的生活。如此一來，只會一再重複上演過去的不幸。他們無視現在，只執著在過去的時間裡，因此錯過了眼下生活中的喜悅和幸福。

為了能讓人生進入正常的狀態，我們必須把焦點對準現在。讓自己成為中心，切實地體驗生活，活在當下。

相反地，總是駐足在過去的行為可以視為迴避現在。因此為了治療內在小孩，我們不能束縛於過去，而是應該「及時行樂（carpediem）」。即，活在當下。

交流和傾聽

為了擺脫過去的痛苦，宥臻必須直視混淆過去與現在的問題。其出發點是將兩個時間分離，並且認知到這一點。

首先宥臻要做的是，區分幼稚園的玄關與童年自己家的玄關。這樣一來，她便會看到哭鬧的女兒身後，其實站著不肯跟媽媽分離的自己。幼小的年紀便失去了母親，但宥臻卻帶著沒有癒合的傷口假裝若無其事地撐下去。

我讓宥臻嘗試問候一下自己的內在小孩。於是她用顫抖的聲音說了以下這番話：

「宥臻啊，你很辛苦吧？

你那麼孤單，卻不能對任何人講。

你那麼想念媽媽，卻再也見不到她。

你把媽媽的離開都怪在自己身上，埋怨自己。」

宥臻這樣問候了自己的內在小孩，跟著長時間憋在內心、受傷的小宥臻哭了起來。

宥臻接著說道：

「我總是一個人，我真的好辛苦。

我一直覺得媽媽的離開是因為我不聽話。都怪我一直纏著她，不讓她走，所以我才會這麼難受。」

剛上小四的宥臻痛失了媽媽，但她一個人堅強地長大。如今宥臻終於道出了真心話。

像宥臻這樣，僅憑面對過去受傷的感情和經歷的痛苦就可以得到治療。當然，只跟內在小孩進行一次對話並不能澈底解決問題，但至少可以減少眼前的痛苦。

雖然受傷的內在小孩會反覆登場，但認知內在小孩的存在以後，情況會與從前大不相同。過去的內在小孩帶來的感情不會投射在周圍的人與事上，更不會折磨自己了。嘗試與內在小孩進行交流，傾聽它的聲音，一步一步地安撫傷口，改變才會愈來越明顯。

接觸現在的關係

通過諮商，宥臻認知到了在幼稚園門口感受到的混亂是來自於過去的自己。她嘗試與內在小孩進行交流，感受到內在小孩的痛苦和難過，也理解當時無能為力的自己和只能袖手旁觀的立場。

在與內在小孩進行交流後，有必要把自己的經歷分享給朋友或伴侶。通過這種交流獲得理解和尊重的機會，進而整理明白自己內在的思緒。宥臻把自己內心的感受告訴了丈夫，這使得自己重新整理了過去的記憶，也為夫妻之間創造了交流真心的機會。

如果覺得難以啟齒的話，給自己寫信也是一種好方法。你可以寫兩封信，一封是自己寫給內在小孩的信，另一封是內在小孩寫給自己的信。如果能將這兩封信讀給身邊信賴的人，便可以進入治療的最後階段。宥臻寫好兩封信後，分別給自己、丈夫和我讀了。

宥臻一臉舒心的表情告訴我，自從讀了那兩封信以後，終於有活在當下的感覺。偶爾過去的感情還是會來襲，但自己不會深陷在痛苦中無法自拔了。如今的自己能夠釋懷了。

2

治療方法二，為恢復關係展開的接觸

信仰傷口的人

竭盡所能是為了不遭到輕視

上班族賢雨（三十歲）在同事眼裡是一個敏感且難以相處的人。不管是公事，還是私事，他都要嚴格遵守禮節、道德和原則，如果稍有差池便會表現出不滿。某一天，發生了一件事。賢雨打電話到客戶那裡詢問一件事，但接電話的人口氣很不耐煩。賢雨公司的立場是甲方，客戶則是乙方，之前他們已經通過幾次電話了，但這次對方卻顯得很沒有禮貌。賢雨一時怒火攻心，對著電話大喊起來。電話另一端的客戶嚇得連聲道歉，但賢雨仍舊難以平息怒火。

像這樣，每次賢雨遇到一些微不足道的小事，只要是感受到對方很無禮，賢雨都會無法控制自己的憤怒。

小時候，賢雨的父母工作繁忙，父親擔任公司的採購常常出差不在家，母親也很少待在家裡，即使是在家也是埋頭看手機。

放學回到家，賢雨走進漆黑的屋子做的第一件事就是開客廳的燈。在父母漠不關心中長大的賢雨，沒能與父母形成親密的依附關係。

賢雨犯了錯，母親會嚴厲批評他，然後又回到對他漠不關心的狀態。這時，賢雨都會覺得母親輕視自己。為了得到母親的關心，賢雨想到的方法是取得好成績和排名。他說只有這樣才感覺獲得肯定。

必須考入名校學府的壓力促使賢雨每天都去補習班和讀書室，但高二的時候他感受到自己的極限，他意識到以自己的實力無法報考目標中的大學。

那天，他對母親說：「我可能考不上您希望我讀的大學。」話音剛落，母親一語不發走回臥室，砰的一聲關上了門。從那瞬間開始，賢雨每天只睡兩三個小時，拚死努力最終考上了母親希望的大學。

過於敏感的雷達網

賢雨的經歷是「感情上的遺棄」，這也算是一種虐待。童年的賢雨別無選擇，更無法按照自己的意願做什麼。他渴望的是不再受到輕視，因此認定自己必須要有「力量」。正因為這樣，他為了阻止不確定的事情發生，才試圖控制所有的狀況，無法容忍出錯。不管是任何狀況，他都要求完美，不允許任何人看到自己的疏漏。

為了不出錯，哪怕是微不足道的事他也會過度努力，這使得賢雨在工作能力上表現很出眾。但問題是，他不光是無法容忍自己的失誤，也無法容忍別人的失誤。大家無心的一句話和一個舉動，都會令他大發雷霆。公司的人看到這樣的賢雨都想要躲避他，於是他在人際關係上漸漸被孤立。

賢雨是因為不懂得關照他人，才會這樣的嗎？像他這樣做出令人費解的舉動和發洩情緒的人並不是不懂得為他人著想，更不是缺乏共感能力。大部分這樣的人的內心都充滿了「再也不想受到傷害」的恐懼，他們為了不受到傷害而採取的防禦戰略反而會讓本人陷入困境。

為了提早採知危險，賢雨會啟動雷達。但他的雷達過於敏感，明明是可以忽略的危險也會發出信號，令他做出過度的反應。

童年受到傷害的人，為了不再重蹈覆轍會消耗所有的能量，持續處在敏感的狀態，把所有的精力都放在周圍人會如何看待自己身上。如果發現他人的行動稍有輕視自己的傾向，便會發揮超能力般的感知。

這樣一來，希望達到的目標和夢想都會成為泡影，只為了不受到傷害而戰戰兢兢的活著。這樣的人會把所有的感覺都集中在找出「會對自己造成傷害的可能性」上，甚至因一些不足掛齒的小事也會受到傷害，最終把自己逼入左右為難的境地。

雖然採取的行動是為了避免受到傷害，但就結論而言，過去的傷會一直支配他們的人生。這是所有人都知道的事實，唯獨本人對此沒有意識。

隔離起來的話，就能獲得自由嗎？

大學生俊赫（二十一歲）不肯去上學，他已經把自己關在家裡整整一年了。由於出席率低，學校準備開除他了。但儘管如此，俊赫還是堅持足不出戶，整天只沉迷在遊戲和觀看 YouTube 上。就連一日三餐都要媽媽送到房間，不然連續幾天都不肯吃飯。最終俊赫的父母忍無可忍，硬是把他拖到諮商室。

俊赫讀國中、高中期間遭到霸凌，但他堅持到高中畢業，順利考上了大學。開學後，俊赫積極與同學來往，算是度過了夢寐以求的大學生活。但就在他準備加入學校社團的時候，在圖書館附近看到了國中欺負自己的同學。

雖然沒有跟那個同學當面撞上，但俊赫很肯定他就是國中欺負自己的那個同學。自從在校園看到那個同學以後，俊赫便再也不敢去學校了。本以為可以重新展開校園生活，但沒想到卻遇到不想見的人。俊赫不想再經歷過去的痛苦，但他有的只是決心，卻沒有解決問題的方法。最後他想到的唯一解決辦法就只是澈底剷除所有受傷的可能性。

俊赫選擇與社會隔離，把自己關在房間裡不與外界接觸。受到傷害的恐懼促使俊赫改變人生的目標。那就是餘生再也不想受到傷害。

雖然俊赫把自己關在房間裡，但這並不等於內心找到安定。他在自己家、自己的房間裡也無法安心，無時無刻都受到恐懼、憂鬱和不安折磨。在這種情況下，俊赫的過敏反應在所難免，但沒有人可以理解他的這種行為。

將恐懼轉換為信仰的戰略

在古代埃及，鱷魚是一種恐怖的象徵。鱷魚中體積最大的尼羅鱷，讓生活在尼羅河畔的埃及人終日坐立難安。於是古代的埃及人把對鱷魚的恐懼轉換成了信仰。埃及神話中的「索貝克（Sobek）」是一個鱷頭人身的水神，埃及人會向祂祈禱，希望以此獲得鱷魚的庇護。

埃及人在鱷魚死後會為牠塗抹香料，製成木乃伊。不幸被鱷魚咬死的人，還會看作是被神咬死的人，然後為死者舉辦隆重的葬禮。就這樣，生活在尼羅河畔的人們漸漸擺脫了對於尼羅鱷的恐懼。

蛇跟鱷魚一樣，都是人類最具代表性的恐懼對象。信奉蛇已經成了全世界的一種習俗，韓國很多地區也都有供奉蛇的習俗。由於都市化和自然環境遭到破壞，我們已經很少會看到蛇出沒了，但在過去隨處可見蛇出沒，所以人們將這種恐懼轉換成信仰，大大減少日常生活中的恐懼感。

人們會把這種方法套用在內在小孩身上，把恐懼轉換成信仰，進而消除它。比如，經歷過家暴的孩子會對父母產生恐懼，為了消除每天存在的恐懼，孩子乾脆將恐懼的對象轉換成信仰的對象。孩子會把加害自己的父母視為擁有驚人力量的人，因此可以對自己行使暴力，而沒有力量的自己只能忍受這一切。這樣一來，自己便可以接受眼前的事實了。

在這種環境下長大的孩子，會把世上的人分成有力量的人和沒有力量的人。當把自己認知成沒有力量的人時，便會在加害者面前畏手畏腳、察言觀色，陷在無力感中無法自拔。與之相反，如果孩子將自己視為與行使暴力的父母同等的存在時，便會希望獲得力量。更進一步，模仿行使暴力的父母。

這樣長大的孩子在成為父母以後，也會變成行使暴力的人。如若他們成為代表社會的一員，便會引起恐懼，對弱者進行壓迫和鎮壓。歷史上出現的各種獨裁者都是這種類型的人。

原諒自己，接觸內在小孩和他人

不管是敏感的賢雨，還是整日閉門不出的俊赫，對於像他們這樣已經把恐懼看成信仰的人而言，**首先需要接受治療的第一個階段就是認知內在小孩的痛苦**，理解內在小孩感受到的害怕、恐懼和不安。不能只是單純回憶過去，而是要在心靈上與內在小孩接觸。

接觸的意思是指，認知自己原本的樣子，脫離自卑感、優越感等虛假的自我意識狀態。受過傷的人會自卑，進而失去自信心，嚴重的話還會出現委靡不振，或是故作堅強。

接觸的起點是能向受傷的向內在小孩伸出援手，這種行為帶有「原諒自己」的意思。原諒自己是承認自己的極限，並且不再責怪做錯事的自己。這也是一種為了避免自己被過去困擾的心理機制。每個人都需要拿出勇氣來原諒受傷的自己，接受和理解自己的極限。

治療的第二個階段是與他人進行「實際接觸」。持續與他人進行接觸，可以預防我們陷入自我憐憫、自卑和自我貶低的狀態。與他人斷絕來往後才會顯現這些感情。因此，心靈的傷愈嚴重，愈是需要跟朋友見面聊天。通過與他人接觸，才可以漸漸發現自己不是一個糟糕的人。

通過這兩個階段的治療，害怕和恐懼會現出原形。在接受治療期間我們可以意識到，再也不需要為了消除恐懼把它轉換成信仰了。

3

治療方法三，現實與感情的分離

為了止住一望無際的多米諾骨牌

你是一個只受到傷害的人嗎？

書俊（三十一歲）畢業四年了，但卻一直找不到工作，因此他感受到了極大的挫敗感。父母察覺兒子變得愈來愈敏感，只是說了幾句擔心他的話而已，書俊就會控制不住情緒把氣都發在父母身上。一家人平時聊天都要看他的臉色，整天戰戰兢兢。跟父母一起來諮商的書俊認為家人根本不顧及他的感受，總是覺得自己是一個受害者。

但家人的立場卻不是這樣。書俊的母親告訴我，兒子總是把就業失敗的原因怪在父母身上。

「這孩子只記得自己受到的傷害，卻從來不考慮家人為了他受了多少苦，他給我們帶來多大的傷害。」

受傷的人會把全部精力放在不再重蹈覆轍上，因此不會注意到自己給別人造成的傷害。這就好比硬幣存在正反面一樣，我們都只看到了一面，但實際上受過傷害的人也會傷害別人。

我們給別人造成怎樣的傷害呢？

如果不把受到的傷害和造成的傷害區分開來的話，那麼我們只會以受害者自居，一直將自己困在痛苦的命運裡。這樣一來，只有自己是受害者的被害意識和為了不受到傷害採取的行動又會給別人造成新的傷害。這樣的人不單會親手毀掉自己的形象，還會惹怒周圍的人。但問題是，本人卻對此毫無察覺。

這樣的人只會抱怨：「**為什麼大家都討厭我呢？為什麼我到哪裡都不受歡迎呢？為什麼我總是一個人呢？**」但對自己的言行帶來的反應卻毫無認知。

正因如此，我們有必要在自己受到傷害的時候，思考自己是不是被情緒影響，以及冷靜地分析當下發生的事。

單方面的責怪自己，或是把責任都推卸給對方之前，我們必須止住「受傷的多米諾骨牌」。只有認知到他人也會受到傷害，才能建立起均衡的關係。以受害者自居的話，會下意識地給別人帶來傷害，但最終結果還是會回到自己的身上。

傷害的連鎖反應

前面提到村上春樹的《挪威的森林》，是一部描寫青春愛情和喪失之痛的小說。這部作品中的喪失之痛源於「木月」這一人物，他是主人翁渡邊徹的朋友，自小生長在富裕的家庭，父親是知名的牙科醫生，本人不但頭腦靈活還很有口才。在旁人眼裡木月就是一個傑出又很懂得為他人著想的青年。木月很珍惜自己與自小相識的女友直子，以及唯一的好友渡邊徹之間的感情。三個人聚在一起的時候，木月會努力不讓直子和渡邊徹尷尬和受到冷落。

木月十七歲的時候，在跟渡邊徹打完最後一場桌球後，在自家的車庫自殺了。木月沒有任何自殺的動機，也沒有留下一封遺書。木月的死成了直子無法治癒的傷。向來親切待人的木月絲毫不顧忌他人的感受，沒有任何預兆地離開了這個世界。

木月的死對直子而言，並非只是單純失去了愛人。木月的死讓她意識到，木月根本沒有真正愛過自己。正因為這樣，她才無法接受木月的離開。直子是一個容易受傷的女人，她無法直視木月不愛自己的殘忍真相。木月死後，直子掉進了「看不見的深井」，她深陷其中無法憑藉自己的力量過正常生活了。

對別人造成傷害的人存在一個共同點，那就是都只認為自己是受到傷害的人。他們無法認知自己給別人造成的傷害，只記得自己受過的傷。這樣的人製造的黑洞會吸食掉周圍的一切，精力都消耗在了「自我憐憫」上。

他們看不到自己手上揮動的刀子，因為注意力都只集中在自己的傷口上。

這樣的人會企圖把自己受到的傷害還回去，但不會把目標鎖定在給自己造成傷害的「元凶」身上，而是對準了「毫不相干的人」。他們在乎的不是對象，而是還回去的「行為」。

受到木月傷害的直子把自己的傷還給了渡邊徹，她選擇了跟木月同樣的方法，用自己的死來傷害渡邊徹。最終形成連鎖傷害——木月傷害直子，直子傷害渡邊徹。

既然如此，渡邊徹也把自己受到的傷強加給他人嗎？渡邊徹做出了不一樣的選擇，他止住了「傷害的多米諾骨牌」，默默接受了直子不愛自己的真相。

直視傷口的真面目

不久前美妍（三十歲）與未婚夫分手了。兩個人談了三年的戀愛，男方不但向美妍求婚，而且雙方的父母也都見過面同意了這樁婚事。美妍滿心歡喜地準備著婚禮，誰知道竟然發生了天打雷劈般的事。美妍發現未婚夫瞞著自己在跟別的女生交往，甚至在雙方父母見面的當天，他還跟那個女生約會。結束了三年的戀愛，憧憬著幸福家庭生活的美妍怎麼也無法接受眼前的現實。

喪失之痛在「人生的意義」裡劃下了一道深深的傷口。深愛的人離自己而去，或是遭到拒絕的時候，我們會感受到嚴重的傷害。這是因為對對方無條件的「信任」澈底幻滅了。

兩個人之間的信賴愈是堅固，愈是無法承受拒絕和背叛帶來的痛苦。人們為了減少痛苦，會選擇強按住傷口欺騙自己這不算什麼，然後對傷口置之不理。但愈是這樣，傷口愈是歷歷在目，還會引發更大的痛苦。為了澈底斷掉這份感情而承受更大的傷害時，痛苦便會轉換成難以忍受的憤怒與憎惡。

那麼我們要如何剪斷這條莫比烏斯帶呢？為了從喪失之痛中走出來，我們非但不可以無視傷口，反而應該直視傷口的真面目。第一步要區分喪失之痛的「現實」與其引發的「感情」。

之所以痛苦不是因為離開的「那個人」，而是因為喪失了這段時間建立起來的「信賴關係」。痛苦的根源來自於喪失了兩者之間建立起來的信賴，當事人必須說服自己理解這一點。

像這樣穩而不亂地觀察眼前發生的事，區分開現實與感情之後，才能看清事情的真相。這時才不會陷入責怪自己，或把責任推卸給對方的困境。只有這樣，才能把自己從傷痛的多米諾骨牌中解救出來。

治療方法四，直視傷口

4 整理溢滿出來的衣櫃

父母與子女之間存在的真實問題

「我很想成為一個好媽媽，但女兒非但不聽我的話，如今還總對我惡言相傷。最近的孩子都這樣嗎？我好想知道到底哪裡出了問題。」

英眉（四十五歲）因為跟女兒的關係出現問題而來到諮商室。之前她們母女的關係還很好，但自從女兒進入青春期開始不願意跟她交流，就算英眉主動跟女兒講話，女兒也經常不理她。英眉希望能像從前一樣挽回跟女兒的關係。

來諮商室的第一天，英眉的眼神顯得十分不安，不但不敢直視其他人，就連我的視線也一直迴避。她說自己平時也會像個罪人一樣，總是低著頭走路。

英眉的女兒每次看到她用這種眼神接觸他人時都會很生氣。

在諮商的過程中，英眉談到了自己的母親。母親剛懷上英眉的時候，胎夢夢到了一隻巨大的水蛭，水蛭吸附在她的腿上吸著她的血。當時，母親正處在人生的低谷。因為父親的生意面臨倒閉的危機，加上他還在外面與其他的女人有染。就在母親認真考慮是否要離婚的時候，發現自己懷上了英眉。英眉流著淚說：

「我本能的感受到，對於母親而言，我就是那隻水蛭。」

事實上，英眉的母親經常對她發牢騷：「都是因為妳，我才沒有離婚。如果沒有妳，我活得會比現在自由多了。」為了不給母親添麻煩，英眉漸漸成了一個凡事順從母親、察言觀色的孩子。

從表面上看，英眉是一個十分順從、聽話的好孩子。但在她內心深處一直被「我就好比一隻水蛭」的負面想法困擾，因此自尊感很低。她不允許自己表達欲求和感情，這種潛意識不光存在於她與母親之間，如今與丈夫和女兒的關係也是如此。

哪怕只有一個人站在「我這邊」

知名藝能節目製作人朱哲煥在著作《更好的日子從現在開始》中描寫了自己悲慘的童年。他出生在馬山❸，國小三年級的時候失去母親，父親離家出走下落不明，於是年輕守寡的姑姑把他接到了首爾。

在敦岩洞市場靠經營小店艱苦過活的姑姑經常誇獎這個唯一的侄子，「你長得好帥啊。真聰明。等你長大了，一定是一個有用之才。」託姑姑的福，這個失去雙親、可憐巴巴的鄉下小孩產生了「憑空而來的自信心」。姑姑稱讚他的這些話起倒了保護脆弱自我的作用。

❸馬山，位於韓國慶尚南道的一個小城市。

像朱哲煥這樣，只要一個人溫暖的眼神，我們也能充分保護自我，擁有活下去的自信心。但是，不是所有人的身邊都有這樣的一個人。

大部分的人都存在受傷的內在小孩，在童年時期沒有得到很好的照顧，也從未獲得過他人的關心與支持。因此，這樣的人在受到傷害時，才會本能性地認為沒有人會傾聽自己、安慰自己。這不僅是在過去，就連長大以後也會成為極大的痛苦。

在我們現在的人生裡，「孤獨」會不斷喚醒過去受傷的內在小孩。受到傷害的時候，我們都是一個人，沒有人能來安慰和保護自己。這也可以視為關係的缺失與損傷。日常生活中由此引發的最大問題，便是人際關係的問題了。

建立良好人際關係的能力並不在於「技術」問題。如何建立關係取決於一個人的經驗和他掌握的知識，意識與無意識、自尊感和溝通能力等也都與建立關係息息相關。

與他人建立關係的基礎是，先與自己建立起良好的關係。如果因童年的傷一直處在缺失、冷落、害怕和恐懼的狀態下，那麼與自己建立關係時會陷入混亂。這是因為看到了自己的內心存在的難過、憤怒與恐懼。如果無法解決這種負面情緒，難以形成獨立生存時所需的自尊感，更難以邁出健康、成熟的人際關係的第一步。

先來打開衣櫃

德國心理學家，也是國際上知名的創傷治療專家喬治・派普爾（Georg Pieper）把我們的傷口比喻成「溢滿出來的衣櫃」。人生中毫無預告的創傷就好比突然溢滿出來的衣櫃，不知所措地把衣服隨便塞回去，然後立刻關上櫃門的話，那麼雜亂無章的衣服還是會再次崩塌。

發生問題時，我們會出於本能地尋找解決問題的方法。但內在小孩受到的傷是日積月累、傷口很深的傷，如果找不出適當的解決方法，只會適得其反、傷上加傷。這就好比在沙漠中尋找「水」，只朝著無法實現的「目標」一直前進一樣。沙漠是沒有水的地方，愈是努力尋找水，愈會失望和挫敗。

既然如此，那我們應該如何整理溢滿出來的衣櫃呢？首先必須打開衣櫃，把所有的衣服取出來，然後一件一件地疊好再放回去。只有這樣，才能真正地關上櫃門。

重新打開櫃門，面對裡面雜亂無章的衣服不是一件容易的事。但為了整理內在小孩錯綜複雜的記憶，則必須經歷「直視」問題的過程，進而找出不想回憶起來的傷口，細心觀察，然後解決問題。

感謝你的堅持

治療內在小孩要從理解傷痛和自我安慰開始，當自己不再覺得羞恥，並且能夠尊重自己的時候，才能真正與過去和解。

英眉為了改善與女兒的關係登門諮商，但她首先要做的是回顧過去，勇敢面對母親充滿埋怨的目光「都是因為生下你，毀了我的一生。」接下來，英眉對自己的內在小孩說了以下這番話：

「對不起，我無視了你。我覺得你很羞恥，所以想要忘記你。你忍了那麼久，堅持了那麼久。謝謝，謝謝你的堅持。謝謝你給了未來的我一個機會。我再也不會覺得你羞恥了，我會尊重你，把你當作我人生中的一部分。」

人到中年的英眉這才勇敢面對了自己的傷口，她第一次打開了櫃門，整理起了雜亂無章的衣物。

我們必須治癒內在小孩的傷。愈深越痛的傷，愈是會隱藏起來，因此我們必須找到它、面對它。

5

治療方法五，轉換觀點

傷口上萌生出新芽

一句「沒關係」帶來的力量

已故的張英姬教授在著作《活下來的奇蹟，活下去的奇蹟》中描寫過一段自己的童年記憶。

因為從小身患小兒痲痹，所以她不能像其他正常的孩子一樣蹦跳玩耍。母親常常讓她坐在大門口的臺階上，希望她至少能看一看外面的世界。當年和現在不同，孩子們的遊樂場就是家門口的巷子。

那是讀國小一年級時的某一天，她坐在門口等著其他的孩子。這時剛好一個賣麥芽糖的商販經過，他走過去的時候，瞄了一眼這個身邊放著拐杖的孩子。但沒過多久，那個商販又走了回來，他遞給張英姬兩根麥芽糖。

商販看著她，笑著說：「沒關係。」

或許商販是說沒錢也沒關係，又或者是告訴張英姬一輩子依賴拐杖沒關係。但這對於當時的張英姬來講，那句話是什麼意思已經不重要了。重要的是，從那天以後她改變了看待世界的觀點。一句沒關係，讓她產生了值得活一世的信念，也讓她感受到了世上有很多好人，並且充滿了善意與愛。

對於這個身患小兒痲痹，一生只能依賴拐杖生活的孩子而言，那個賣麥芽糖的商販遞出的兩根麥芽糖成了促使她以溫暖的視線看待世界的契機。當改變觀點以後，便能以寬容的角度看待世界、他人和自己了。

雖然可以跟刺蝟一樣豎起刺活下去

手背受傷時，有些人會立刻接受治療，但絕大多數人都會不以為然，只在傷口上貼一個OK繃。可是如果傷口比想像中深，加上出現紅腫的話，便很難癒合。只貼一個OK繃，反而會愈來愈疼痛，甚至還會發炎。可儘管如此，人們還是不肯撕開OK繃看一下自己的傷口。

內在小孩的傷也是如此，我們在心靈上貼的OK繃就好比「狹隘的視線」和「負面的想法」。這是人們為了不讓自己再次受到傷害而選擇的防禦戰略之一，很多擁有受傷的內在小孩的人都會為自己貼一個這樣的OK繃。

人一旦受到傷害，看待世界的角度就會變得狹隘，進而開始用負面角度解釋問題。這樣的人為了不再受到傷害，會放棄對世界的希望與期待，然後會像刺蝟一樣豎起身上的刺保護自己。

這樣的人總是對自己抱有負面的成見，也會負面解讀發生在自己身上的事、他人的反應和想法，然後總是把自己受到的傷害怪罪在周圍人的身上，怨恨別人。

聽這樣的人敘事會覺得全世界都在憎惡他，甚至拋棄了他。對他而言全世界充滿了責備和攻擊他的事件。就像一個巴掌拍不響，但這樣的人卻只把不幸的原因怪在別人身上，然後覺得自己是一個不走運的、可憐的受害者。

跟這樣的人聊天，起初會覺得「或許他受過很大的傷害吧」，進而對他產生同情心。但從某個瞬間會發現他只抱怨周圍的人，只會把責任嫁禍給別人。這個世界和周圍的人都是加害者，只有自己是受害者。在旁人看來，這樣的人都是「沒有好感」的人物和「長不大的孩子」。

當感受到他人排斥自己時，這樣的人會徹底喪失自尊感。這種結果會導致他們看待世界的負面態度會變得更堅固，甚至還會一直陷入被害的妄想中。

所有的問題並非來自他人毫無緣由地討厭和排斥自己，而是在於自我厭惡和自我否定。

榮格針對這種問題說：「我們都在穿著小鞋走路。」自尊感過低的人存在著「內在的斥責者」。這個斥責者會揪著瑣碎的失誤展開攻擊，進而給自尊感造成裂痕。這個斥責者使用的最強有力的武器就是負面思考，許多的負面想法會讓人覺得，即使斥責者發出的聲音是荒唐無稽、不可理喻的，但這本人還是會選擇相信他，讓自己深陷在不安的狀態下。此時愈是不安，斥責者的聲音愈是顯得尖銳和刺耳。

如果斥責者長時間相伴的話，那麼當事者會覺得它是自然、理所當然和充滿權威的聲音。這樣一來，不要說反抗了，根本不會產生反抗的想法，只會無條件的接受。如果不能擺脫這種只針對失誤和弱點進行批判的聲音，便無法獲得滿足、喜悅、安寧和自信。

有人是愛你的

如果看待人生的視角過於狹隘的話，那麼在維持過去的防禦戰略時，還會下意識受到往事的困擾，這會阻礙自身的成長和靈魂的自由。

為了擺脫這種狀態，我們有必要認知到這是因為自己受到的傷害促使自己豎起了刺蝟的刺，所以看到世界的視角才會如此狹隘。

我們必須區分本人受到的傷和處理傷口時採取的防禦戰略。當然，認知到自己的防禦戰略，並且理性區分後，並不等於澈底治癒了傷口。為了治癒傷口，我們還需要「引水」。他人給予的愛與關心是改變受傷的內在小孩的動力，治癒傷口不是一個人可以完成的課題。

遭到最信賴的人遺棄的孩子，會以「我是被遺棄的人」的視角來看待世界。但社會上有很多人願意正視這種現實問題，他們沒有放棄這些遭到遺棄的孩子，大家在努力為他們提供勇敢生活下去的條件和勇氣。

這些健康成長的孩子，會成為社會成員中的一分子。在他們成長的過程中受到某些人的幫助、關心、照料和犧牲。如果他們能意識到這些人的存在，進而改變自己的觀點，便可以找到另一個看待世界的視角了。

或許童年的你也曾受到過傷害，為了不再重蹈覆轍而豎起尖銳的刺保護著自己。但在你的人生裡，一定也出現過關心和愛你的人，只是你太過在意那段傷痛，忘卻了溫暖的記憶。

接下來就要看你的選擇了，是要只記住傷口，用狹隘的視線看待世界呢？還是試著回憶起某個人給你的關心與愛呢？

你的選擇，將會為你帶來不一樣的人生。

6

治療方法六，和解的六個階段

我的內在小孩，謝謝你的堅持

第一階段：意識到過去的傷口

人們對現在的生活痛苦，為了解決心理上的問題來到諮商室。但隨著諮商時間的拉長，大家都會開啟過去的時間旅行，回想起自己在從前的家庭和學校裡的生活方式，以及當時的所有感受，然後把這些與現在遇到的問題連結在一起。通過這個過程最終遇到自己內心隱藏著的內在小孩。

當大家意識到自己看待現實的視角偶爾或經常欺騙自己時，都會大吃一驚。雖然每個人遇到的問題都各不相同——關於父母、夫妻、子女、朋友、愛人和同事等人際關係，但當他們碰觸到自己毫無察覺的傷口時，受傷的內在小孩便會甦醒過來，進而做出「心理退化」的行動。然後因為這種行動讓自己陷入更困難的處境。

我們感受到的不安、恐懼、痛苦、傷心、難過、憤怒、暴躁和無力感等負面情緒都與過去的傷口相連。為了擺脫這些負面的情緒，我們必須主動從長期受到孤立的內心世界走出來。

我們必須意識到，自己存在受傷的內在小孩，而且它持續影響我們現在的生活，此時此刻感受到的負面情緒並非來自於現在遇到的事件，而是源於受傷的內在小孩。

第二階段：製造感情結

包括希臘神話在內的所有國家的神話裡，都會把巨人描寫成神製造出來的神祕存在。分析心理學家瑪麗・路易絲・馮・法蘭茲（Marie Louis evon Franz）提出，這種巨人的登場與我們無法控制的情緒很相似，受到傷害的情感會像巨人一樣充滿破壞力，試圖吞噬掉對方。神話中的巨人雖然擁有驚人的力量，但卻會做出愚蠢的行為。這就好比我們會做出退化的行為一樣，這種行為既衝動又愚蠢，並且具有破壞性和危險性。

無法控制的情緒會壓制自我，進而爆發出如同火山般的憤怒。這一點很像突然登場的巨人。存在受傷的內在小孩的人會覺得自己無法擺脫負面情緒，認為不是自己在掌控感情，而是感情在支配自己。這樣的人非但沒有意識到問題，還會變得衝動和反覆無常。另外，因為自己認定了無法控制感情，所以不會產生努力擺脫困境的想法。

來諮商的人必須如實地向諮商師表露自己的情感，只有這樣才能帶來改變。來諮商的人必須正確認知自己的情緒和感情，不再受到感情的支配。

尋找受傷的核心感情

❶講出最近遇到的問題。

❷找出敘述問題的過程中產生的感情。
❸在產生的感情中，標記出平時經常感受到的感情。
❹童年與哪些人的關係中，會經常感受到標記出的感情？

第三階段：為內在小孩取名字

認知到自己存在受傷的內在小孩以後，首先要做的是給內在小孩取名字。榮格說：「名字能發揮效果，語言能起到除邪的作用。」如果諮商師根據諮商者的症狀為內在小孩取名字的話，那麼便會幫助他們減少一半的痛苦。

我們都會以故事形態去思考，行動的動機多半來自於自己敘事的過程。雖然故事無法換來實質性的東西，但卻擁有著改變我們心態的力量。

讀懂自己的感情，並能將其「語言化」，這才是控制情緒和帶來改變的重點。如果能為「我現在好難過」這種感情取名字的話，便能夠客觀看待自己、具體的解決問題了。

給問題取名字，可以通過「修飾」自己的傷口來表達。

例如，根據受傷的內在小孩的特徵，可以取以下這些名字。

孤獨的小孩，憤怒的小孩，

無法表達感情的小孩，膽小的小孩，

被遺忘的小孩，沒有存在感的小孩，憂鬱的小孩，

沒有歸屬感的小孩，看人眼色的小孩，

畏首畏尾的小孩，必須言聽計從的小孩，

必須成績優秀的小孩，必須開朗活潑的小孩，

不能講話的小孩，只能裝傻的小孩，

緊張過活的小孩，把自己定義成自卑的小孩，

凡事必須優秀的小孩，早熟的小孩，隱藏起真心的小孩，

生活在幻想中的小孩，總是對自己不滿的小孩。

給自己的傷口取名字以後，可以通過它把一直憋在心裡的故事講出來，這個過程可以減少我們情緒上的負擔。

如果能用語言表達出受傷的內在小孩的話，那麼傷口也會變得不再疼痛，進而可以控制它。

第四階段：感同身受

滲透在我們內心的不安就好比難以掙脫的中毒狀態。為了能夠認知受傷的內在小孩的感情，我們需要拿出勇氣來面對不斷重複的不安模式。

既然這樣，我們應該面對什麼呢？答案就是我們前面提到的童年或長大成人後形成的傷口。

在我們心底很有可能還殘留著尚未處理的傷口。因此，首先要採取尊重它的態度，這表示說現在的我尊重並且接受自己的過去。意識到內在小孩的存在，然後為它取名字，接下來要做的就是感同身受。這樣才會帶來具體的變化。

童年受到傷害時，我們沒有任何解決問題的能力。因此，現在的自己必須尊重和接受過去沒有防備、只能隻身一人的自己。在艱難的時期，他人送上的一句「沒關係」都可以帶來極大的安慰，但真正的安慰還是自己對自己說一聲「沒關係」。

治癒自己的告白之一

對不起，我無視了你的存在。

對不起，我把你看作一種恥辱，試圖忘記你。

現在我明白了，你忍受了那麼久，堅持得那麼辛苦。

■第五階段：改變看待自己的觀點

受傷的內在小孩帶來最嚴重的問題是，它會扭曲看待自己和世界的觀點。形成內在小孩的過去經驗會對現在的「思考體系」，也就是觀點帶來極大的影響。它會讓自己扭曲和更狹隘地看待自己和周圍的一切，即使是瑣碎的小事，也會用過去受到傷害時的觀點詮釋一切。

但是我們目睹和感受到的現實，並非真正的現實，而是我們想看和想要認知到的現實。我們的視線不是絕對的，而是眾多觀點中的一個而已。

尚・皮亞傑（Jean Piaget）認為，如果我們能認知自己的觀點，便可以從那個觀點中解放出來。改變觀點是從認知自己原有的視角開始，如果看待自己的觀點改變了，那麼也會提升自尊感。

比如，童年總是獨自相處的人不願意回想自己孤獨的樣子，進而否定面對孤獨狀態時無力的自己。這時，如果能對自己的過去感同身受，接受過去的感情的話，那麼也會改變對自己的評價，從「無能為力的孤獨小孩」轉換為「挺過了孤獨時刻的小孩」。

如果自己能夠認知到過去的自己挺過了孤獨的時刻，那麼也會接受過去受傷的自己。像這樣改變觀點，通過回憶過去，正面積極地接受現在的自己。

治癒受傷的內在小孩，並不只是清除痛苦的記憶，或是緩解負面情緒。「心理學」會改變我們看待事物的觀點。雖然無法改變過去痛苦的記憶，但**如果能為過去賦予新的定義，那麼我們將會為現在和未來的人生帶來積極的變化。**

治癒自己的告白之二

謝謝你的堅持。

謝謝你給未來的我一個機會。

現在我不覺得你是恥辱了，我會尊重你。

我會把你當作我人生裡的一部分來尊重。

■第六階段：改變關係

最後一個階段是改變日常生活中的關係。當認知到過去的傷口因何而來，並且能夠尊重內在小孩的時候，才能區分現在與過去。

比如，假設一個人看到對方不悅的表情時，會認為對方是對自己不滿意，因此不安。但當他意識到，這是自己在對方的表情中看到了過去總是對自己不滿的父母時，便證明了過去受傷的那個小孩仍然還住在他的心底。

因為發現了自己的內在小孩，使得他認知到了日常生活中，旁人看似「不悅的表情」並不都是針對自己。

遵循和解的過程並不等於受傷的內在小孩會從我們的人生中澈底消失，即使在諮商治療結束後，內在小孩也依然會留在我們的心裡，然後時不時引來負面情緒，讓我們感受到熟悉的痛症。

但有一點是與之前不同的。我們不會持續深陷在痛苦中，而是能夠客觀地看待自己。通過客觀地看待自己，可以比之前更「熟練地」控制負面的情緒。像這樣將過去和現在區分開來，然後把精力集中在現在的關係上，我們才可以在自由的關係裡體驗從未有過的自信心和從容不迫。

後記：致我的「孤獨的小孩」

有時我看到妻子和兒子喃喃不休地聊天，便會莫名產生一種難以言喻的感情。雖然這樣講很害羞，但如果要用一個詞來形容的話，那應該就是「羨慕」了。妻子溫柔地傾聽兒子講話，兒子也會坦承地向妻子表達自己的想法和感情。那畫面令我羨慕不已。當然，妻子和兒子也有意見不合、提高嗓門的時候，但即使是這樣，我也還是能從他們的交流中感受到溫暖。

童年的我和兒子截然不同，我從來沒有跟母親有過心與心的交流。雖然母親每天會為我準備一日三餐，也從不會讓我吃冷飯，但我卻無法敞開心胸跟她聊天，把學校發生的事講給她聽。或許正是因為這樣，我才會那麼羨慕兒子吧。另一方面，令我欣慰的是，兒子的人生起點也與我不同。

我希望通過這本書告訴大家，童年經歷的一切會對一個人的人生帶來怎樣的影響，以及通過「內在小孩」的概念仔細觀察以怎樣的原理啟動了傷口，也希望這本書能夠給受傷的人們帶來治癒的希望。在寫這本書的過程中，我也回顧了自己的過去。

我的內在小孩是一個「孤獨的小孩」。小六的某個春天，我期盼著春遊的日子快點到來，這樣母親就會為我準備紫菜飯卷了。可是到了春遊當天，我卻一個人蹲在角落裡慌慌張張地吃完了盼望已久的紫菜飯卷。因為我不想其他同學看到我一個人吃飯的樣子。

我是一個缺乏自信心、凡事畏手畏腳的孩子，因此沒有交到什麼朋友。在寫這本書的過程中，我又遇到了從前那個不管是在家，還是在學校，總是孤單一人，常常孤單和不安的小孩。

其實，我現在也是一個孤獨的人。雖然步入中年，有了自己的社會地位和歸屬感，也能與周圍的同事和弟子建立起親密的人際關係。有別於從前的是，我意識到自己逐漸可以跟大家親密地交流了。

但即使是這樣，我也覺得自己是一個孤獨的人。當然現在與童年不同，我不會深陷在束手無策的無力感中去面對孤獨。我現在感受到的孤獨，不是他人強加於我，而是我自己習慣感受孤獨。正因為這樣，我沒有把能量浪費在其他的事上，而是把精力都放在了研究學術上，這給我的學者生涯幫助很大。

不過我現在知道了，這個孤獨的小孩會讓我現在的人生受到限制，也會給我的家人和周圍的人帶來傷害。過去的我是一個孤獨的小孩，但如果現在的我還一味地享受孤獨，那就只是一個獨斷專行、自私的人了。

長期以來，我都沒有承認自己存在著孤獨的內在小孩，正如前面提到的那樣，如果不承認內在小孩的存在，便會一直受到它的支配，不斷重複惡性循環。

通過寫這本書，我終於可以對自己的孤獨小孩說一句：

「沒關係。」

「你缺乏自信心，總是畏手畏腳，也沒有交到什麼朋友，但這些都沒關係。就像為了生存和安全而奮鬥的父母一樣，你也是為了活下來才這樣。雖然沒有澈底克服所有的問題，但你能堅持過來就已經很了不起了。」

這就是我給自己的安慰。此時此刻，我才有種可以切斷惡性循環的感覺。

今天我要對那個總是孤單一人的小孩說一聲「謝謝」。謝謝你的堅持，因為有你才會有現在的我。我要衷心感謝過去的自己。

出版社服務

如果你需要本公司的服務，歡迎使用以下方式

【作者投稿】

主題：健康書、心理書、芳療書、命理書等非文學類書籍

標題：【投稿—大樹林出版社】作者／暫定書名

請將書籍目錄、部分或全部書稿、作者簡介、出版優勢等資料準備齊全，以 Email 寄至信箱：notime.chung@msa.hinet.net

※十個工作日內，會回覆您審核結果。

※自費出版者，請寄全稿，並於信中註明「單色／全彩，純文字／是否需配圖，需要印刷本數，預算」，將為您規劃報價。

【媒體合作】

請洽編輯部，來信請標註合作的書名，會由責任編輯為您服務。

以 Email 寄至信箱：service@guidebook.com.tw

【廠商合作】&【團購優惠】（30 本以上）

請洽業務部承辦人：邱小姐

信箱：educationbook.ting@gmail.com

電話：02-2222-7270#12

【芳療個案諮詢】

請洽大樹林學院：加入以下大樹林的帳號，以便購買商品&諮詢

大树林学苑—微信

大樹林學院 — LINE

NEW！新企畫

【成為「新書試讀員」——心理勵志類】

線上回函

請填妥線上回函完整資料，即有機會成為新書試讀員！

在新書上市前，試讀員會收到 email 邀請，若願意需回覆 email。出版社將會寄出一份書籍影印本（約 50 頁的精彩試讀本）。於 2 週內完成任務後，會寄出一本新書給您。

【新書試讀員的任務】

(1) 請於個人臉書以公開權限分享新書的閱讀心得（200 字以上），臉書貼文必須附上新書連結。
(2) tag 大樹林出版社
(3) 並把臉書貼文連結傳回給大樹林。
(4) 並同時將心得發布於博客來書評：
(5) 完成！大樹林出版社會寄出一本新書給您。
(6) 已報名者，請於指定日期前準時完成分享和書評。

★ 追蹤大樹林臉書，獲得優惠訊息及最新書訊：
http://www.facebook.com/bigtreebook

國家圖書館出版品預行編目(CIP)資料

以為時間久了，我就會沒事：大腦會記住小時候的委屈、孤單和傷心！說出憋在心裡的痛苦，突破無法解決的關卡／催光鉉(최광현)著. -- 初版. -- 新北市：大樹林, 2020.09
面；　　公分.--（心裡話；9）
譯自：나는 내 편이라고 생각했는데

ISBN 978-986-99154-3-4（平裝）

1.心理創傷　2.心理治療
178.8　　　109010782

心裡話 9

以為時間久了，我就會沒事

：大腦會記住小時候的委屈、孤單和傷心！說出憋在心裡的痛苦，突破無法解決的關卡

作　　者／催光鉉（최광현）
譯　　者／胡椒筒
總 編 輯／彭文富
執行編輯／黃懿慧
內文排版／菩薩蠻
封面設計／林雅錚
校　　對／李麗雯、邱月亭

出 版 者／大樹林出版社
營業地址／23357 新北市中和區中山路2段530號樓之1
通訊地址／23586 新北市中和區中正路872號6樓之2
電　　話／(02) 2222-7270　　傳　　真／(02) 2222-1270
E-mail／notime.chung@msa.hinet.net
官　　網／www.gwclass.com
Facebook／www.facebook.com/bigtreebook

發 行 人／彭文富
劃撥帳號／18746459　　戶　　名／大樹林出版社
總 經 銷／知遠文化事業有限公司
地　　址／新北市深坑區北深路 3 段 155 巷 25 號 5 樓
電　　話／02-2664-8800　　傳　　真／02-2664-8801
本版印刷／2024年5月

Original Title : 나는 내 편이라고 생각했는데
by Choi Kwanghyun

定價／320元　港幣／107元　　ISBN / 978-986-99154-3-4